生命大學

真 正 的 幸 福 始 終 來 自 智 慧

心性修鍊的八堂課

圓滿人生的八個學分

在n倍速的時代裡，
你如何比別人更快速的達到生命的巔峰？
本書讓你迅速確立生命的方向，創造廣大的生命願景，
並且圓滿實現中道的生活，擁有安住的心境與廣大的福報資糧。
在積極的行動力與快速增長智慧的悲心中，
圓滿人生的終極目標。

幸福必修學分指數★★★★★★   洪啟嵩◆著

●──出版緣起

　　如果將我們的一生當作無窮盡學習中的一個歷程，那麼我們這一生宛如在人間修學，而人間就像一所生命大學，充滿了創造與光明。

　　在這裡，幸福的青鳥隨著智慧的足跡飛翔，

　　生命因智慧的學習、愜意的閱讀，

　　學會了欣賞空的顏色，

　　一本書，一堂生命必修的學分，

　　當煩惱消逝，恐懼與不安成了善友，

　　即是生命學分圓滿之時。

　　生命是一個很複雜的歷程，如果說人生就是學習，把人生定位為學習，是否只是把時間花在不斷地學習，越學越多，學到最後，可能很多都用不上，最後這期生命結束了，下一世不一定用得上。就像一個很長壽的人，在古代學習製造馬車輪的技術，到了21世紀還用得上嗎？

　　煩惱，種植在我們生命最深層的地方，展露在我們生命中

最深重的習氣之中，每一個人的一舉一動都顯現出自己的煩惱。要打破自己的煩惱，就要善於觀察自己的習慣，善於觀自己的心。只有善於觀察自己的習慣與心念，才能把煩惱殼磨得更薄，最後把這煩惱打破。

學習是為了讓我們的生命更圓滿，當我們生命中有了煩惱，我們想解決與超越，所以因此來學習。煩惱會寄宿在生命中的每一部分，在莫名的地方現起。要超越它，有時光是憑空想像是沒辦法的，必須在人世間磨練，而破除它。

將人生視為學習的過程，必須清楚地知道自己為何學習之外，更是為了要消除自己的煩惱。另外，我們還可思惟：為誰學習？

我們除了消除自己的煩惱之外，一個有慈悲心的人也會希望能幫助其他人超越煩惱，得到人生的幸福，所以他為自己也為其他人學習，這樣的學習不是更有意義嗎？

我們學習構築在讓自己的生命更加的美好，並破除自身的煩惱、超越生命，建立起自己的慈悲心，當我們能幫助自己和其他的人，使大家的人生更幸福美好，這樣的學習是不是更有意義？因此，我們永遠不間斷地學習。

《生命大學》就是在這樣的想法中，所規劃出的一套叢書，我們希望透過這套書，讓大家從個個面向學習正確的想法

與觀念，讓所有的人透過正確的觀察與體悟，讓生命更加光明圓滿幸福。

祈望所有對生命增長有興趣的人，在生命過程中碰到的許多問題，藉由《生命大學》系列，幫助大家輕鬆自在掌握生命的鑰匙，並且能夠隨讀隨用。

《生命大學》系列將導引大家，了解探索生命中的美、前世今生與未來、死亡與轉世自在、決定自己的未來……等等，一切與生命相關的命題，透過每一個主題，我們宛如打開一扇扇生命大學之門。

我們建立這樣一個生命大學，它不在別的地方，其實就在我們的心中。我們的心就是自己的生命大學，它指導身體去修行，我們的心跟其他人的心連在一起，大家一起共同努力修學，這就是我們自己的生命大學。

● 序

　　千變萬瞬的人生，轉動越來越快速的世界，高科技便利的生活，卻讓我們更加的忙碌與緊張。在 n 倍速的時代，如何讓我們的生命更加圓滿？增長我們的慈悲與智慧？讓我們可以自由自在地自處於生命的每一剎那，而不會隨著外在環境漂流，能夠安住在正確的生命洞見中，邁向生命的巔峰，這是我們所要成就的人生。

　　心性修鍊的八堂課代表著圓滿生命巔峰的八個課題，彼此之間具備承上啟下的關聯性，這八堂課統合起來是一個完整的觀念，就像佛陀當年提出八正道，這八正道是一套完整的自我圓滿與解脫的實踐方法，而就大乘菩薩道的實踐，佛陀提出六度四攝萬行作為行動綱目，而我在這個課程裡頭所提出的這八個心性修煉的綱領，則是一套融攝這些生命智慧，而自我修鍊與濟世助人的八項行動準則，任何人都可以透過這八個主題的研修實踐，來完全成就圓滿覺悟的生命。

　　心性修鍊的第一個步驟是要具足正見。正確的生命洞見就

像是我們眼睛，讓我們了知正確的生命方向，我們依此才能邁步向前。人生中最重要的是做正確的抉擇，確定生命的戰略，選擇正確的事去做，然後才去正確而有效的完成這些事情。否則失去了正確的方向，一昧的埋頭苦幹，只是努力的作錯誤的事情，往往是事半功倍或得不償失。所以具足正確的見地，是我們心性修鍊最核心的命題，從正見出發，才能到達生命的最高峰。

　　具足正確的洞見之後就要開始發起生命願景，光明的生命願景讓我們的世界產生改變，使我們的生命產生更大的意義與價值。

　　而生命的願景必然是在我們的生活中去實踐，從生活中體悟自己的生活而實踐中道的人生。中道人生是在每一條生活的道路上，站立最恰當的位置，在每一個生命的因緣裡，作最正確的抉擇，讓我們時時刻刻活得很好，很好的活在每一分每一秒。

　　實踐中道的生活，會讓我們產生更深刻的生命智慧跟經驗，這時候再以安住的心來守護、安穩我們的身心，讓我們安住中道恰當的生活之中，自在歡喜而不會受到外境的干擾，而喪失了幸福的生活。

　　為了幫助周圍有緣的親人、朋友乃至一切的眾生，我們要

具備廣大的資源與福份。我們必須積聚廣大福報，才能讓我們作出正確的決斷，進而開展出行動力、執行力與實踐力，發揮我們的生命威力，來幫助我們最摯愛的親人、好友，乃至所需要幫助的人。

相續的行動的力量就是來自慈悲力，用慈悲力來行動，再以深刻的智慧來迴光返照，這一切的行動以具有柔軟的慈悲心與空明的智慧來做為人生的行動根本，進而圓滿心性的修鍊，讓我們在任何時候都能自在。

希望大家能掌握稍縱即逝的美麗生命時光，開始自己的心性修鍊課程，讓自己的生命更發光發熱，創造生命的巔峰，開展幸福光明的人生。

我們的生命願景，將創造未來的美麗真實，每一個人的心靈願景不只是自己人生幸福的最大動力來源，也是創造光明圓滿世界的偉大力量。讓這一本書獻給大家，希望我們共同來成就一個未來真實的生命願景。希望這一本書能夠有著祈願與力量，共創我們的光明與幸福。黎明已至，何不共創我們的喜樂圓滿人生！

目　錄

·前　言·

現在是修鍊的好時光

　　看著時間一分一秒的流逝，青春歲月就在眼前流逝，當我們尚未真正察覺時，人生就快接近尾聲了。掌握現在此時此刻，開始做自我的心性修鍊，讓生命迅速成長而圓滿我們的人生，莫待回首時，往事如雲烟。

　　希望大家有緣相會，在這相會的因緣中，創造出生命更高的價值。

圓滿生命的八堂課

　　心性修鍊的八堂課，就是我們應該具備的八種觀念：第一是正見，第二發心，第三生活，第四禪定，第五福報，第六行動，第七慈悲，第八智慧。

　　透過這八個觀念讓我們能夠自在、解脫成就，或是圓滿生命的理想境地。在這個世界上，不管我們的生命要呈現什麼樣的方式，都以這八個課程來包括。

　　其實，一個沒有修行的人與修行人所面對的世界，都是相

同的世界，但是二者面對的信心會有不同。

　　過去許多修行人或成就者，他們提供了很多十分寶貴的經驗，但是這些經驗與智慧落實在許多人的生活當中，會化約成一個比較簡單性的觀念，或是強調過度的技巧，而失去了全觀性。

　　心性修鍊是我們整個人生的修行，是整個完整的人在修行；不是侷限在某一段時間、在某個地點，運用一個很簡單的方法來修行，心性修鍊不應只限於如此，我們必須全觀的面對自己的人生。

　　當然，許多古代的高僧成就者提供很多的方便讓我們很容易地實踐。簡單的方法，比如像唸佛、持咒、或是坐禪等方式。我們必須了解這些方便，最主要是透過一種強烈的要求，讓我們的身心安住在這樣的狀況之中，透過持咒、念佛，或者坐禪來改變我們的心性，使我們對生命重新產生一種新的看法，這樣的方法是一個有力、很好的方法。

　　但是，除了這些方法外，我所提供給大家的，是一個比較寬廣面向的觀照；也就是說，要如何去完成我們自己的生命、圓滿自己的生命。

　　許多很特定的方法，它是很強烈改變我們心性的重要契機，但是有時候會造成一個困難，就是讓我們「見樹不見

林」。其實，為什麼成就者大德會提出這些的方法，是因為他們全面的觀照生命解脫的過程之後，提出最強有力的解脫方法，所以它背後的基礎，是一個完全的觀點；但是依循者在過程中，往往會「見樹不見林」，而常常流於技巧性的工作，而忘記了更根本的了解，就是修行是整個人生的事情。

所以，我很懇切的跟大家共同探討，修行能在我們人生裡生起什麼樣的作用，要如何來改變我們的心性。

心性修鍊實現自主人生

短暫的人生，轉眼就流逝，希望大家有緣相會，趁我們人生還能夠自主，頭腦還很清明的時候，我們就走對路、作對事。

不要因為生命中有很多的問題和缺點而舉足不前，假使我們沒有問題、沒有缺點就不需要修行了；因為沒有問題、沒有缺點的人，他的人生就是圓滿的，只有在這種狀況裡，他是在一種所謂沒有修行狀態之下的真的修行，就是「無修之修」，他的心是無所得、無所住，對於各種境界都無所得，在這種狀況裡面，他是自在的。

但是，我們必須更清楚了解一件事情，就是因為我們有深刻的問題與深刻的缺點，以及生命中的不圓滿，所以我們必須

來作心性的修鍊及修行。

　　希望大家能夠在頭腦還十分清明，身心還能夠活動的時候，來作修行的事情。但不是說，年紀太大了就沒有辦法修行，頭腦不清楚了就沒有辦法修行；而是現在趁我們的頭腦很清楚，身心還能夠活動時來作修行，此時對我們而言還是比較輕易的事情。

　　當年紀太老了，面對自己的病痛，此時此刻有很多人想要修行也提不起心力；有時我們會懷疑，如果頭腦不會清楚，面對強烈的醒覺時刻，不清楚的頭腦是否沒有辦法修行？當然還是有辦法修行的，只是機會少了。

　　人死了有沒有辦法修行？就算是人死了還是可以修行，但是，人死的時候修行的機會更少。因為，人死的時候修行的機會就像生了一場重病，或是說突然發生重大事件，參與了另一種因緣聚會，周圍的環境變動的十分劇烈，我們沒有辦法立刻放下心去觀照這樣的改變。

人是最適合修行的生命型態

　　所以，一切的佛法，特別重視人身，因為人是最適合修行的型態。天人太過於享樂，三惡道又太痛苦，只有人間苦樂適中。所以富貴修行難，因為富貴的人作事情，往往不需要經過

深層的心理迴饋，他想買一樣東西，並不需要想太多，作事情時也不用想，只要開口叫別人做就好了，所以富貴修行難。富貴是福報，而天上就是一個很大的富貴之處，他的感受就只有快樂，長期在一種快樂的情緒當中，在那種情緒裡面沒有特別的感受，無法感受這個世間的無常變化。

為什麼三惡道惟苦呢？如果同樣看水，天人看水是琉璃，人看是水，餓鬼道看水是血；同樣的東西，依不同因緣條件示現，條件不同，示現也不同；所以三惡道的眾生永遠面對著苦境，餓鬼道的眾生他永遠要為自己的生存而奮鬥。就如同一個非洲的小孩，他活在生存的邊緣，每天都在饑餓當中，他只能夠吃樹葉，他能夠修什麼行呢？而地獄道的眾生，所擁有的是不斷的責罰和痛苦；畜生道的眾生，牠們擁有的什麼？是對事情的永遠不理解，牠們依著本能而生活。

人在六道四生（胎、卵、濕、化）的因緣當中，人是主體，人是最有行為能力、行動力的，人能夠恰當修行，但人的作惡能力也最強，所以人類在六道當中造業能力特別強，但也代表人是最有機會在六道中修行覺悟的。

所謂覺悟，是超越於本能生活之上的，是超越所有本能的一種回應。他是能自主、有作用力的。

為什麼人是最有機會修行？這講的是一種情境，一種條件

因素。因為所有佛菩薩都講人道最適合修行，當然，所有佛菩薩都不斷的努力在六道當中救度眾生，救度其他生物解脫，所以有六道地藏、六道觀音的示現。

但是，我們生而為人就應該珍惜人身，因為，在我的心裡，雖然已沒有了恐懼，對生死也沒有畏懼，一切事情已經過去。但是，對於大家，我心中所深深切切關懷的是大家是否能在這一世解脫。這事情，可能也是我生命中所剩下來最後的事情，但是這樣的事情在弘法的過程裡面，總是有很多理由很多因緣讓法無法廣大弘揚。

想起佛陀最後是應了魔王的勸請而入滅的因緣，我們心中總留著期望：佛陀為什麼要應魔王勸請而入滅呢？佛陀如果永遠留下就好了。

其實這種期望是一種絕望，佛陀如果留下來，我們不見得會修行的更好。但是，大家要了解，佛陀真的入滅了嗎？在佛陀圓滿的境界中沒有生、哪有滅啊！一個究竟全部放下自我的人，每天心中所面對就是佛陀。有些話是對廣大世間人講的，要給大家一些鼓勵，給大家一些糖衣。像馬祖禪師對大珠慧海和尚的教授，他先對他講說：「是心是佛」。

後來馬祖禪師又告訴他不是「是心是佛」，而是「非心非佛」。

於是有人請教馬祖禪師，為什麼是又不是「是心是佛」。

馬祖答說：「黃葉止啼。」這樣的說法代表一位禪師的教授方便，而大珠慧海和尚也因而開悟了。

在虛妄的世間中修錬心性

但是，對世間人講說的許多話語是須要很多包裝的；現在這個世間，其實是很虛幻的。像市面上的一本暢銷書「The Davinci Code（達文西密碼）」，這本書在全世界賣了三仟多萬本，作者Dan Brown的第一本書是「Digital Forties（數位密碼）」，當初與現在出版的數量真是今非昔比，在不同的時空因緣下產生不同的狀況；由此可知暢銷並不代表這本書的好或壞，有時是書商的抄作方式或其他種種，這樣的因緣變化，其實是一種最虛幻的事情。

像哈利波特的作者羅琳小姐寫的第六本哈利波特，初版壹仟多萬本，光是預約就壹佰多萬本，大家很關心她這本小說裡面到底誰會死掉，如果誰洩露小說裡面誰死掉，書商就要面臨一億多台幣的賠償，這樣的事情是不是很虛妄！如果我洩露了別人的秘密，也沒人會提出告訴，但是洩露了這虛構的人的一個秘密，卻要賠償一億多，這代表什麼意義呢？所以這是商業行為，商業行為也代表著虛幻。

報紙上曾有一則報導：教宗本篤十六世認為哈利波特這本書是妨害人心的。這位新教宗恐怕真的是很保守的，但是「哈利波特」只是大家的一個娛樂，並不那麼嚴重的。像槍彈的發明，對人類是很大的傷害。

　　在這個世間，大家是否感覺到，我們所關心、所關懷的事大都很虛妄的！但是，我想這是我們生活中的一個樂趣吧！再虛妄的事情，每天都會碰到，偶而碰到也沒有什麼關係。

　　但是，我們的心要清楚明白，我們這一生最主要的事情是什麼？最主要的是大家這一生要得以解脫！如果能夠發起究竟圓滿的菩提心更好。對於修行人來講，這是最重要的一句話。對於世間很多人來講，很多話要有題材、要包裝，所以很多說法的話語，也就隨順流俗。

　　時間的流逝如雲煙一般，我們的生命是有限，如果一位密教的法王，他不作灌頂、不辦法會，他的事業可能就無法維持了，所以他要一直作這些事情。像一位說法的人，如果要一直講真話是很累的事情，很困難的事情，但是，真正的法是很簡單的，只是大家聽了，不見得能夠馬上接受。

　　希望以下的話語大家能聽進去：「每天都要想想，自己會不會覺悟？如何成就？要能使自己覺悟成就的話，只有自覺！」

有許多人可能也是如此提醒自己要這樣子，但是他從行為、從外在的動機上去著眼，接下來的行逕就變得很怪裡怪氣的，好像臉上是寫著修行二個字，還沒看到人已經知道他在修行了，如果真是如此肯定他沒有深刻的反省。

　　修行是修我們的心，不是在表面上裝一個修行的樣子，而生活上並沒有任何改變，還是一樣過著有煩惱痛苦的生活；我們的生命自有生命的責任，修行人過著一樣的生活、一樣的日子，但是心是不一樣。

　　所以，我們要修鍊我們的心性，藉由心性的修鍊來完成我們圓滿的生命。

第一堂課

·正見——正確的生命洞見·

從心面對自己的人生

　　正見不只是一種觀念，一種確定的見地，正見的第一個問題就是正視我們的人生。佛法的正見關係到我們的人生、我們的世界，六祖慧能講：「佛法在世間，不離世間覺，離世覓菩提，恰如求兔角。」佛法絕非向壁虛構，它是一個實實在在、真真實實的生活，沒有一位佛法的解脫者，他覺悟之後與生活脫離。

　　解脫並不關於一個人在世間是否財勢自在，財勢自在與個人的福報有關，但是有福報並不等於覺悟；解脫者是在世間當中覺悟的，如果離開世間想要勤求菩提，乃是向壁虛構自己心中的菩提，這是求兔角。

　　所以，生命是在世間當中勤求覺悟。一位覺悟者在人間的因緣不一定順利，但是他在人間展現，一定是位殊勝的人。

　　不論現在大家幾歲，有些人年紀較長、有些較輕，但是請大家正視自己的人生，因為我們的人生何時結束我們是很難預料的。無論如何，請大家正視自己的人生。

從現在開始正視自己人生的價值

一般我們很難去正視自己的人生，不管自己現在幾歲，三十歲、四十歲、五十歲，看看自己的人生，想一想：我們可以再重新活一次嗎？你是否願意再過一次像自己現在這樣的人生呢？因為現在你的人生是繁忙的，所以你不願意。

　　假如現在的狀況改變了，你現在覺悟了，或是你現在可能沒有覺悟，所以你無法了解什麼叫作覺悟，這是事實。但是至少想像一下覺悟的樣子，假設你現在覺悟了，就是現在，你寧願再重活一次嗎？

　　同樣問題，有些人的答案可能改變了，有些人覺得無所謂，有些人還是不願意，有些人認為此生不堪回首，但不管堪不堪回首，這就是你的人生。

　　煩惱在我們人生裡佔有很重要的位置，「此生不堪回首」這句話仔細想想，這代表我們很想超越煩惱，但我想提供另外一個問題及看法：假設我們現在成佛，因為這輩子的努力，所以現在成佛，也就是假設我們這輩子會有成佛的機緣，那你要不要活這一生？

　　這意思就是說，我們都還很有機會讓自己正視此生的價值。

　　我們這一生的價值，就在現在，決定讓自己如何成佛。

　　有一天，我們都會成佛，那時候，你會發覺到自己多生累

劫的人生，你會承認它的存在嗎？你會反省這一生、這一劫，很多事情作的不夠圓滿，但是你會承認它的價值吧！

長遠的時間，長遠的辛勞，而今得以成佛。

現在請用另外的心情再看看自己的人生。

迴看自己的人生，不管它是好或是不好，不管你願意重過或不重過，不管你是否有很多的反省或很多的後悔…，看著自己的人生，接受它，看著它，這就是你。

改變對生命習慣的執著

我一直很喜歡小學課本中的一篇文章「習慣說」，讓我印象十分深刻，它講到習慣影響我們的行為，文章可能沒講得那麼深入，但是我卻從中對「習慣」有新的體會。

文章大意是說：有一個人，他家裡地板上有個洞，那個人每天經過那個地方都要繞一下，當有一天他把那個洞填滿之後，每次經過時，他還是依往常習慣繞一下，倒覺得原本有洞的地方是凸起來的。

這就是習慣的一種盲點，在我們的生命裡充滿著很多這樣型態的習慣，例如，我們常聽到人家說：「我喜歡這個，我喜歡那個。」但一般人的喜好是有習慣性的，往往沒有正確的覺知。我們可以允許有很多錯誤的經驗，但是我們要超越一切的

對生命習慣的執著；因為有了執著，並養成生命的習慣就跟我們的本能黏執在一起。

尤其是當我們臨終的時候，「習慣」決定了一切，習慣會決定我們投胎的去處，會不自覺地便被習性帶走。

所以超越自己的習性是很重要的，這就是為什麼要大家迴看自己的人生，不要避開它，要正眼看它，因為這是觀察自己生命最好的方法。

我們現在擁有的生命，在現前的人生裡，我們可以圓滿生命境界的基礎就是要超越我們的習慣。

所以「習慣」在我們的生命裡，注意不要讓習慣跟煩惱結合在一起，當二者結合在一起，其結果就變成生命中不自察覺的深洞，而當我們習慣這些深洞之後，一旦有機會被某些事情所填平，我們仍然會自然地繞過去。

所以，我們對自己的缺點要深切的面對，對別人的缺點要關懷協助而不戳破。要好好觀察自己碰到什麼事情會自動繞過去，無法正視與面對；假若我們觀察到自己被提到某個問題便會自然繞過避開時，我們應正視或面對，否則是浪費自己的生命。

「以小人自居，以佛陀自許。」這二句話對我的人生有很大的幫助。我發覺大部分的人，不知花了多少時間、多少精力

來證明自己並不是「小人」，當別人說自己是怎樣怎樣時，我們卻說自己不是如何如何，我們幾乎所有的時間都花在跟別人辯解「我不是你想的那樣。」當我們私下獨自一人時，我們心裡卻想：「我可能是這樣的人。」

每天我們一直在為自己作定位，一直幫自己鑲上記號，我們將很多時間、能量都耗費在這上面，我們在作事情時，心中還是不斷地糾纏著。

所以，大家什麼時候才願意放下這些習慣呢？什麼時候才能自自在在、直直接接的修行，去面對自己的種種習性。

修行不是在表面上作種種的掩飾，裝著自己好像一位修行人，修行並沒有那麼多的「閒傢俱」，而是真實面對自己的心，超越自己的生命習慣，好好地活出自己，讓這個人生澈底是自己的人生！

做一個真實的自由者

我們耗費太多的生命能量，百分之七、八十的生命都耗費在這些生命習慣的執著上，其他時間則是作一些無意義的追求，剩下最後的一點點時間才追求完美。思惟一下，自己是否如此呢？

所以，我的處理態度是以「小人自居」，那麼我的心就如

釋重負，從此不必再證明自己是什麼樣的人，可以自己直接去面對自己是怎麼樣的人。這個樣子我不再怕被貼別人標籤為小人、大人或是中人，我不必為自己被貼上什麼標籤而煩惱，我就是這樣的人；不管別人罵我或稱讚我，一切都過去了。

我，只是如實的人。

從心念轉變的那刻開始，我感覺到自己的腳步踏穩了，可以腳踏實地向前走去。

不必再被種種習慣糾纏了，面對自己的過程很難也很不容易，但我們還是要真實地面對自己的人生。

有些人說自己已經不怕生死，其實不怕生死之外，還有很多事情要作的。

我高二的時候有一次的死亡經驗，死過以後就不怕死了，但不怕死以後，卻發現自己還有很多的煩惱，還會跟人家吵架，還會記仇……。

大學一年級時，我騎腳踏車環島，在蘇澳的公路發生撞山的經驗，經過那次的經驗後，讓我覺得人間所有的恩怨情仇似乎不那麼重要了，從此心中不再有敵者，不再有仇怨，世間人對我而言，只有適合相處與否，而了無仇怨。有些人是不適合相處的，因為和他相處要花很多的時間與他糾纏，所以遠離不去親近這些人，但是所有眾生對我而言卻是平等的，至於關係

的遠近就看因緣了。

也因為有機緣，我才有可能在深山閉關的時候，把整個生命作一個清楚的釐清，而且該作什麼也都清楚了，但就算是一個修行人，也無須證明自己是個修行人。所以現在如果有人說我是修行人或不是修行人，對我而言，已經不具任何意義了。

直到二年前，今生該完成的事已經作完了，我感覺自己的人生可以結束了，所以，我得到真正的資糧，現在我作的很多事情是我過去不會作的，因為我已經自由了。

真正的自由是指我們的心很自由很自在，但作事情是否也很自在呢？很多事情是因應整個世間緣起而走的，所以要看外在因緣。但是，我們千萬不要想真的證明自己是什麼，這太辛苦了。自己是什麼便是什麼，我們真正要作的是放下自我，然後走向光明的道路，也就是面對自我，這是我們唯一的路。

如果能這樣子腳踏實地一步一步地走，生命會很親切的。我們要正視自己的人生，好好看著自己的人生，就有契機創造生命中最高的巔峰，也就是圓滿成佛。

等到你圓滿成佛的那一剎那，那時候你迴觀自己的人生，只有一句話：「呀，長久劫來努力、辛勤，而今成道，我當度盡眾生！」就這樣子。所以，覺悟是什麼？一個真正覺悟的人，他是正視自己的人生的，他可能會慚愧，也可能有時候會

感覺到欣慰，但沒有不正視自己人生的，人生中的酸甜苦辣，醜陋與光明，都是自己的人生。

我記得我在深山閉關的時候，差一點沒辦法正視自己的人生，當身心十分清明的時候，所有的事情都是清清楚楚的，過去所作的事情都很清楚，不僅事情清楚，而是作每件事情當時的起心動念是如何，都很清楚。

大家有緣聚在一起，不管來自何方，對自己是如何定位，這些隻言片語，只是很輕靈的告訴大家。

尊重自己的人生

我們常聽到一句話：「己所不欲，勿施於人。」但己所不欲勿施於人並不表示「己所欲，施於人。」西方人在某些道德上認為，「己所欲，要施於人。」但不應這樣的，應是「己所不欲，勿施於人，己所欲，但要問別人是否需要，再給人。」

常常很多人都會問我：「他應該作什麼事情？他應該修什麼法？他的本尊是誰？或是這個事情應怎麼樣或不怎麼樣？」但我給他們的回答不會是：「你應該作這個，你應該作那個。」我通常的作法是建議作這事情應如何作最好。但是你要作的任何事情，是要自己決定的，絕不是我替你們決定的。

很多人都以為我的態度好像有點不負責任，為什麼不替大

家作決定等等。要了解，我是因為尊重大家，才不敢替大家決定，因為視大家為佛陀，所以不會替大家做決定，只有你們自己作決定，我可以幫助大家圓滿這個決定！如果你們作的決定不正確，我會為你們分析，或是另外再選一個決定。我不可能替大家作決定，但請大家也不要因為聽到這句話就想說，那請問老師是無用的；如果你們來問我，我一定會盡最大能力處理，幫大家的決定作到最好、最圓滿的達成方式。

大家要了解，這心念的背後有一個願就是：你們成佛時，我一定是你們的弟子。說這句話什麼意義呢？代表你們一定要成佛，而且這是我的責任。

但是，我很害怕大家要真實修行的時候，卻不敢面對自己的生命。你們可以對自己的過去充滿了懺悔，或感覺到不圓滿，或者是慚愧，但是，千萬不要逃避去面對自己的人生，要細看自己的人生，因為人生是可喜可悲的。

不要想說自己的人生能不能重來一次，你的人生已經來過一次了。那麼現在，你的機會來了，你從過去長遠時劫以來到現在的人生——就是你的機會，因為現在你能站在這邊，無論你的過去如何而來，它就是讓你能夠站在這邊，能看、能思惟、能發起正見、能修行，不是嗎？

所以我們要尊重自己的人生，若你能尊重自己的人生，你

便能超越它，它可能是你的好友或損友，但是，都是你生命中的一部分，你的損友就是你的逆增上緣，好友就是你的增上緣。

就是現在，請正視自己的人生，從心面對自己的人生。

尊重自己的人生，讓損友成為逆緣向上的力量，好友成為順緣增上的力量

智慧是生命永遠的保障

坊間有一本書，書名取的很好：「往事並不如煙」，人生就是無常，不管你接不接受它，它都充滿了煩惱。而也因為過去這些眾多煩惱的基礎，成為讓我們超越覺悟的動力跟資源與福份。

正見是趣入智慧的門徑

佛法最重要的是要跟生活經驗結合在一起，因為證悟的經驗是超越的。正見是對宇宙人生的正確觀念，這正確觀念是讓我們趣入智慧的門徑。

所以佛法是有用的，是能解決我們的煩惱，令我們生活圓滿的，讓我們能夠超越解脫。

佛陀從三個現象觀察宇宙人生的真實現象，一個是空間，一個是時間，一個是心性。

在空間上是任何的存有都是「諸法無我」，這樣的論點是從佛陀的生命中提煉出來；對佛陀而言，這是一個確定的事

實，這事實並不是只有佛陀存在才講的，「若佛出世，若不出世，諸法常住」，所以這個事情跟佛陀的存在與否無關，是每一個他認知的事情，它就是一個事實，這就是正見。

看看自己的人生吧！很多修行人是不談自己的過去，你想跟他談，他也不會跟你談；不是他不跟你談，而是沒什麼好談，但這並不表示我們不正視自己的人生，而是對自己的人生太清楚了。

正視自己的人生，是跳出執著的基礎，不是執著自己的人生；很多人不敢正視自己的人生，就是因為太執著自己的生命習慣，反而使得他不斷的重複自己同樣的人生。

正視自己的人生，是超越自己人生的重要力量，為什麼要一直強調必須正視自己的人生，因為正見是要立足在自己的人生裡面，否則正見是沒有力量的。

正見還可分為有力量的正見與沒有力量的正見，很多人研究佛教，可能因為他出家或作佛學研究等等，他把所有中觀、唯識等背的滾瓜爛熟，每一條正見可以倒背如流，哪一部經的正見是啥他也很清楚，但是這些也只是他記得的正見而已，完全不會形成他的正見。為什麼會如此？因為那些正見都跟他的人生無關，沒有絲毫力量，它只是一個學問，一個想法而已！對我們而言還有什麼人、什麼樣的人生，比自己的人生，更可

以讓我們感覺到無常？

正見也是來自於觀察我們自己人生，還有我們自己所依存的世間；「看破紅塵」紅塵在否？紅塵世間當然是虛幻的，但它是龜毛兔角嗎？當然不是；它是如幻存在。所以，看破紅塵是了解紅塵的虛妄，但紅塵中世間的事情卻是很清楚的。

「佛法在世間，不離世間覺」，看破紅塵而不留戀，面對世間而不染著，但我們往往在看破紅塵、面對世間這一件事上面，一開始就採取錯誤的態度，那就是看破紅塵，一手蓋住。

佛陀是面對世間的，但面對世間，他可以離群索居深山，也可以親鄰世間，但不是躲在深山，他在深山是有目的的，他的目的是專心修行、不染世務，這是為了他當世解脫目的，而不是畏難世間。

我們的自心、我們所依存的世間及世間裡的一切生命，都是我們必須要了解的，因為正見即源出於此；正見是我們的自心面對自己（即內世間）及外世間時，能正確的看待這二者所產生的，正見入於心，心跟正見融合為一時，即產生覺悟。

但開始的時候，是面對世間及我們自己的人生、他人的人生與整個宇宙人生，有一個完整而精確的看法，這種看法到最後現證而成為一種實相。

從看法、觀念、見地到智慧

我們可以來探索一下看法、觀念、見地、思想與智慧，五者之間有何差別？

所謂看法，必須是一種很清明的覺知，而不能只是一種生命經驗，或某些感懷。

比較深的看法會形成一種觀念，如無常或無我的觀念，但觀念若不能往內心深入的話，便會形成另一種問題，而跟我們實際的行為無法配合，而流於口頭禪。

我很不希望把正見變成信仰，因為佛法的正見非關信仰；見地是指所看到的生命真實現象，所以不是一種想法，不是一種觀念，它是一種事實。

基本上，如果一個人理解到所謂「正見」，它是一種事實，因此他會對正見很有信心，即使有人反對這樣一種事實，他也不大在乎，也不會去反擊；相反的，如果把見地變成一種思想或一種信仰，遇到反對的人便會引起矛盾與衝突。

有一次，我到台南的文官培訓所教授放鬆的課程，課餘有二位學員前來攀談，其中一位自稱是熱心法務的佛教徒，另一位則是身掛十字架的基督教徒，兩位皆是熱情傳法之士。

相談不久，二人堅持自己的觀念互不相讓，因為他們二人一直想把自己所信仰的法傳出去，堅持對每一個人傳揚法而不

選擇因緣或是場所,這種「傳法」的堅執觀念儼然已成為他們二人的驅動程式。

而一個清楚知曉正見只是一個完全事實的人,他不會有非得把這正見傳播出去不可的堅持,雖然他一定會把正見傳揚出去,但會觀察時節因緣,而輕鬆恰當的予以抉擇。

所以,正見如果不能入於心,對於「法」便會生起執著,這是因為對於正見不具信心的緣故,這樣的人對於說法的態度表現,自然是為之強烈的。像佛陀說法的方式是很自然的,他的說法只是表達一種事實;事實是沒有什麼好爭辯的,但如果一定要辯論,也是可以辯明的。

見地是慢慢從看法,觀念延展而來,然後再逐漸的深入思想當中,到最後見地成為智慧。

所以,正見是對宇宙事實與趨入智慧的門徑,因此,佛法的正見是很實在的。

再舉一個有趣的經驗。有一次,我請很多朋友到我家去,其中有一位教授談到英文與佛法的問題,這位教授談到他讀索甲仁波切的英文版著作「西藏生死書」裡,得到很多體會,所以他建議我應該把中文版和英文版一齊讀,並且談到英文「Empty」空的看法。

這位教授認為要先了解很多的專有名詞,或者是法相,否

正見是對宇宙事實與趨入智慧的門徑

則就會像以「Empty」來翻譯中文「空」的意思一樣，認為這樣的翻譯不好，會讓人產生誤解。

其實這個事情很容易釐清，簡單的問：「空是什麼意思？」或許對「空」佛教徒還有其他不同的解釋，但是如果去問一般人如計程車司機：「空是什麼？」

他的回答可能是：「不是空間嗎？否則是什麼！」

「空」在佛教中有特別意義，那是特別而且少部分的意義，他的回答可能是用特別的意義去講「空」的普通意義，那當然是不對的。即使用空的特別意義去解釋「空」的本義，中文的解釋也不對，所以空不能講「空」，否則就是用中文講也錯了。

如果說「空是般若化過程」這樣就比較容易懂了，這句話很重要。因為中國的「真如」以前是稱之為「本如」，這是因為以前沒有「如」的概念，沒有「空」的概念，所以用「無」來取代。東漢初期是以這樣的方式，所以如果回到東漢當時，「空」會是什麼意思呢？

「空」就是空，沒有其他意思。後來因為佛教經過幾百年的大量翻譯之後，僧肇寫了「不真空論」，「不真」等於「空」，所以從此以後，空就產生了新的意思，中文般若化的過程就完成了。

這是「空」字中文的般若化，也就是說本來沒有這個意思，現在新加入這個意思。

另一個問題是我們都知道「空」，但是我們真的了知空的意思嗎？答案是模糊不清楚的。所以空的般若化之後，又被俗世化了！這是一定的必然過程。

我們迴看佛陀在印度當時的語言，應該是印度的普通話是日常生活語言，是否有佛教的專有名詞嗎？應該沒有吧！哪有什麼專有名詞，「般若」是用普通話把我們生活中的事情講清楚而已。

演變到最後每個宗派都有不同的解釋，為了要特別標榜自己的宗派比較厲害，就把它刻意解釋，所以到最後只有佛學專家能懂，而且佛學專家的理論恐怕不夠正確，因為他沒有證悟。

正見非關你我，不是我們的看法，不是我們的見解，不是我們的思想，不是我們的觀念，而是事實。

所以「正見」不會為了宇宙人生的正確見地而傷人，觀念不會思想，但可能會殺人。這樣的說法是可從歷史上觀察得到的，像近代很多人信仰希特勒，美國人信仰三K黨，或信仰上帝是白人，或過去有很多人信仰馬克斯，因為他們的信仰是堅定的，所以他們認為自己的看法一定是最好的，反對這看法的

人就不對,所以就殺害了很多人。

但是,具有正見的人是對於反對他看法的人,只是認為不認識正見而已,並不會對他做出其他的事情。

所以,「諸行無常」跟佛陀出世不出世無關,它是一個事實,每一個人都可以認識這個事實,其實開悟也不是什麼驚天動地的事情,只是真正看到了這個事實!

現在就少分來講,需要一種想法、一種觀念、一種信仰或一種思想來幫助大家,但是當我們有這思想、觀念、信仰的時候,佛法是有方法可以讓我們來驗證進入這樣的事實,即是進入正見或智慧的一個力量跟次第。

所以佛法所講的事實是可驗證的,不是不可驗證的,不是光靠信仰就好了,不是相信這個思想就好了,所以佛陀允許我們作最大的懷疑。

但是,他會把找出事實的方法傳給我們,並且告訴我們:「這個實驗在這邊,我作的是實驗,現在實驗工具給你,你來重新這個實驗。」

我們現在沒有辦法確證「諸法無我」,但是檢視一下我們自己的人生,我在哪裡?

在空間中嗎?

在一切的存有當中,有一個不變的自體嗎?

所有的空間中不變的自體都來自於假設，而不是一個事實，而這種假設空間中不變的自體，如果它是一種事實的話，那麼它就不是事實。為什麼呢？因為一切都在變化，只有它不變，這什麼意思呢？

　　怎麼可能一個不變的東西能夠控制所有東西，而所有的東西都在改變，而它不改變，它不是可以控制一切嗎？它怎麼會不能改變，它怎麼能讓一切東西改變後，一切東西去凌駕於它之上，而它卻不能拒絕它的改變！

　　一切東西都是由因緣條件組合，所以生命是什麼？生命很簡單，就是我們的心念，我們的精神跟肉體的因緣組合。

　　第二個，時間是「無常」的，它強調一個主體性，一個運動性，一切的東西在時間中的運動都是不斷變化的；觀看一下我們自己的人生，看宇宙、星球是否都是無常變化呢？是無常無我呢？

　　當我們了解了時空中的「無常無我」，在心念上就能夠得到解脫！這解脫就是涅槃。

　　反向來講「諸法無我」，因為執著自我，所以讓我們陷在空間之中，因為對「常「的執著，讓我們被時間所限制。

　　然而「空間」跟「時間」是什麼？

　　也是無常無我的，也是虛幻的，所以「無常無我」是能夠

反證時空的無常無我；在涅槃寂靜當中，我們就可以超脫時空的限制，涅槃寂靜是無我無常的，但是，它仍然是有力量的。這種有力量在唯識學中，有些說它不是空，但是對解脫者而言，他是有力量的！

以正見指導身心的行為

對於空間、時間的認知，必須結合我們的人生、經驗去看待，否則，它只是一種想法、一種看法，最後的結果就會在自己心中形成很精確的觀念、想法。

在佛法中，這種看法、想法，必須凝縮到跟自己的心性的修煉結合在一起，而當這種見地越來越清楚越明白時，用這種見地來指導自己的修行，指導自己身心五蘊的行為，透過禪觀，讓自己的身心更加凝煉；到最後，這樣的觀念，這樣的想法，這樣的事實，變成自己本來的心應該是如此的，只是被無明所執著、蓋覆住了。

所以要超越無明，必須把心性調鍊到很專注細微，讓正確的觀念、正確想法、正確的見地注入於心性中，與自己的定力結合在一起，然後就能超越無明，打破無明，讓你如實看到自己，就開悟了。

所以，開悟的過程要靠禪定的，一定的禪定功夫才能夠讓

我們的見地真正生根發芽,而讓正見變成我們所看到的事實;打破了無明幻境,看到了事實,因為本來就是事實,現在我們會認為不是事實,只是因為我們拒絕相信。

例如有些人會說:「如果沒有抽菸,就沒有辦法思考事情。」就事實而言,這句話是矛盾的話,為什麼矛盾呢?因為抽菸會造成氧的燃燒,一但增加尼古丁,會造成思考力的降低,所以抽菸只是讓我們想事情想的更差,不可能想的更好。

此外,還有許多人喜歡皺眉頭來想事情,同樣的道理,皺眉頭想事情只會讓腦的血液循環不好,新陳代謝不好,其結果也是會更想不清楚。

但問題是為什麼會說沒有抽菸就沒辦法思考,而且真的他不抽菸他就沒辦法想;而且有些人真的不皺眉頭思考,而叫他開朗的笑來思考,恐怕他也沒辦法思考;依道理講開朗的笑應該腦筋更清楚,但他就是沒辦法思考。這是為什麼?

第一個在他的腦裡有一種觀念、思想、信仰、看法,那是他的宗教,那個宗教告訴他:「我不抽菸、我不皺眉頭、就沒有辦法想事情。」這代表著只有抽菸、皺眉頭才能思考,這不是事實。

但是,經由他的深刻錯誤觀念的導引,錯誤的信仰,錯誤的思想,造成他唯一能夠存在的事實,這時我們的清淨心就被

無明遮蓋了，本來無常無我的空間，本來是涅槃寂靜的心性，因為無明的緣故，因為我們的貪著、貪執的緣故，無明分別的緣故，讓我們認為是「我」，認為是「他」，因此沒辦法看清楚實相。

但是，現在透過定力與正確的觀照，我們打破了心的障礙，就看到了事實；看到了事實之後，就很清楚的知道，這是我們的見地、我們的智慧。

然後從見地產生覺受，從覺受再產生了證悟，這是有力量的過程。

為什麼是有力量的過程呢？當我們產生了正確的見地時，我們的心會打開，因為看到了事實的真相，你的心打開，你的行為就會變得很柔和，不會很強烈，會很輕鬆很柔和；因為看到了事實就輕鬆了，因為這是事實嘛，事實沒什麼好爭辯的，你只是在因緣當中幫助他而已。

在不斷地形成清明的見地之後，我們的身心會有覺受產生，所以這正確的見地會強烈到讓整個身心都會有感受，會改變我們的身心狀況，整個身心就放鬆了，整個經絡氣脈會改變，整個身體的覺受都會改變，到最後形成核心的證悟；當身心產生深刻的覺受時，才能夠形成證悟。

所以證悟是有過程，有力量的，是可以檢證。

以正確的見地來指導自己身心的行為

從空間、時間、心的觀點來分類，就是「諸行無常，諸法無我，涅槃寂靜」。

　　後來龍樹菩薩把它稱為「一實相印」，就是諸法緣起性空，一切都是由因緣所生。對於「因緣所生」的最佳理解就是：當一切都是因緣所生時，我們就自由了！

　　我們不須要有一個「我」才能夠活著，我們可以無我的活著！無我而活著是否很奇怪的，因為只要有因有緣，我們就可以這樣自在的活著，無因無緣就入於涅槃。但我們聽到這種論調都會害怕，要了解入涅槃不是死亡，與死亡無關。

正見開啟幸福之門

什麼是真正的幸福？

一般人所尋求的幸福，不管是財富、長壽或其他種種，這些東西都不能帶來真正的幸福，因為這些都是有限的。

真正的幸福來自於心的自由；真正的幸福是當我們看到了真正宇宙的實相；真正的幸福是我們在作任何事情時，我們盡全力以完全放開胸懷去做，但不會被它所限制，制約。

真正的幸福是我們做事情時用無我的心去作，因為了解一切無常，所以我們可以放下一切。

什麼是解脫、自在？就是心裡面沒有負擔，但是可以活得盡興，活得自在，這就是觀自在。

如同《心經》所說：「觀自在菩薩，行深般若波羅密多時，照見五蘊皆空，度一切苦厄。」所有的幸福、世間的幸福都是變化無常的，但是當我們了知無常、無我之後，幸福的定義就重新改變了，為什麼？因為我們的心能夠自在，能夠解縛，這才是真正的幸福。

三種體悟人生的方法

希望大家好好迴看自己的人生，好好看著，不要去黏縛自己的人生。過去的已經過去了，可是過去的已經過去並不表示過去的已經沒有了，是過去的事情很清楚，但是沒什麼好執著的。

觀察自己的人生，觀察這個世界，看著無常無我的人生，這個方法是讓我們有一個方向感。

為什麼要用「諸行無常、諸法無我、涅槃寂靜」這三句話呢？因為這可以讓我們有方向感，佛陀把宇宙人生的實相，用最簡單的方法，以這三個門徑讓我們趣入。

這是三條讓我們可以到達究竟解脫的門徑，所以我們要作三門觀察，這是佛陀幫我們作的歸納。

但是，要走這條路的人是誰呢？是我們自己。

要透過誰的人生呢？我們自己的人生。

佛陀透過他的人生體悟到這個方法，透過佛陀教導我們的三個門徑來體悟自己的人生。

如果我們有「無我」的正見，因為無我，我們就自由了。無我並不會把自己殺了，「我」只是因緣所生的，「無我」並不是沒有因緣，我是因緣中不斷的變化。因為無常，所以說我們努力的空間永遠在。因此從現開始，我們就有機會不斷的創

正見開啟真正的幸福

造自己生命的巔峰。而自己的心是完全自由寂靜的，因為沒有執著，所以我們的心就回歸最究竟的平和跟自由。

任何事情落實下來，是回到我們自己的身上，所以當我們有面對自己的勇氣時，會發覺到：

時間是什麼時候？當下！

空間是在什麼地方？當體！

如果你想開悟，想讓生命得到真正的幸福，你必須面對自己，這是唯一的途徑。沒有一個開悟者、沒有一個解脫者、沒有一個成就者不是從面對真正的自我開始。這句話已經代表了一切。

好好的與自己相處

我們必須把自己尋求解脫的心，尋求幸福的心，真正拿出來，這比什麼外在的理論或者方法都有用。

否則各種論調方法，書上寫的已經很多了，如果你們相信我的經驗，我所看到的事實，所有開悟的途徑，就是正視自己的心，沒有任何能夠迴避，因為如果你沒有見到自己的心，開悟是真是假你都不知道。

我們不可能閉著眼睛抓蚊子的，除非是盲劍客，我們必須睜開眼睛來面對自己的心、自己的生命、自己的生活經驗。

我們的生命經驗裡面，剛開始要面對自己，會有點苦、有點澀，但是到最後，它是甜美的，因為你會發現，它竟然是我，我竟然能夠靠這個站起來，我可能沒有一個方法可以給你們，但是，最好的方法是什麼？現在就面對自己！

如果，在這樣面對自己的過程中，你沒有發現自己是如此不堪的話，怎麼可能繼續往前走呢？所有人知道的秘密，沒有比自己知道的更多，真正我們作的壞事只有自己知道，自己做的種種不堪、驕傲、開懷、恐懼、不安，只有自己最清楚。

面對自己，然後就可以開始向前走，沒有面對自己，你就永遠浮在空中，向上不得，不開悟好像利劍會把自己劈掉，所以禪宗講「打得生身死，換得法身生」。

像我自己的經驗裡也是這樣，我在打七禪時被印證的那一天晚上，我在拜佛的時候，忽然間，就看到自己被利斧一劈成兩半，所以修行人夢見自己在夢中死了，這是好事。為什麼？因為他劈破自己。所以只有面對自己，才能劈破那個自己，才能超越自己，自己絕對沒有不堪，不堪都是自己想的，我們想的不堪，比自己還不堪，就是只有這樣子而已！

我們小時候有很多不堪的經驗，勇敢的面對它；面對它沒有什麼好怕的，面對它就準備走上去了，面對它之後，你就有兄弟姊妹靠著背，它會保護著你；不面對它，你永遠在想，自

己會不會陷害自己，他是你的好兄弟好姊妹，他是你最親的親人，比父母、子女更親。

好好跟自己相處，沒有好好跟自己相處怎麼開悟呢？好好跟自己相處你會發覺到很光明的。

正見是心性修鍊的核心

　　整個心性修鍊的最核心是來自正見，就世間上而言，我們作事情時有二個要點，第一個是作正確的事情，第二個是用正確的方法作事情。光要作正確的事情，也就是要有正見，然後再以正確的方法作事，來圓滿這事情。

　　要注意的是：什麼是正見？所謂佛法的正見不關於佛法非佛法，也不是佛陀的創見，佛陀並沒有創見，佛陀只是告訴我們事實，所以正見就是佛陀將宇宙、生命的事實告訴我們。

　　為什麼正見這麼重要？所有心性的修鍊，不管過去講正見、正思惟、正語、正業、正命、正精進、正念、正定八正道，或是苦、集、滅、道四聖諦，小乘、大乘一切心性修鍊的核心議題，一開始就是正見的問題，如果見解不正確的話，會產生很大的問題。同時，再多的努力也只是努力地往錯誤方向走去。

　　自古以來大家很喜歡談論的議題，就是關於修行的概念，所以，我們對修行人充滿很多的想像。

有些人修行很好，但是他沒有正見，就像現在有一艘船，它擁有最好的動能，可以一開就開四十海哩，它擁有最好的設備，但是它不知道開往何處，沒有方向感；換句話說，這世界上有太多很能幹的人，他作什麼事都很能幹，但他並不知道作什麼才是正確的，反而用最快速的方法去作錯誤的事情。

　　所以生命中最重要的事情是什麼？是智慧、是見解，選擇正確的方向；所以正見是一種正確的生命方向。

　　很多人看修行人覺得他修行的很好，但很重要的是我們要了解：那個修行人是不是擁有正見，因為正見才是修行的核心。

　　正見是什麼？正見是一點都不費力的東西，正見指的是我們面對自身的存有跟外在的世間，面對自己與面對外在，我們如何正確的看待，這就是正見！

遠離顛倒夢想的正見

　　《心經》的正見也就是我們的人生、我們的存在乃至整個世界如何正確看待的見地。《心經》講得很清楚：「遠離顛倒夢想」。所以，正見就是「遠離顛倒夢想」。

　　《心經》說：「觀自在菩薩行深般若波羅蜜多時，照見五蘊皆空。」「般若波羅蜜多」就是般若波羅蜜，即最高完全的

智慧。「時」是現在進行式，「深」則是完成式，已經圓滿實現了般若波羅蜜多！以「深」字來表達智慧已經到彼岸，他用這個圓滿的般若波羅蜜多來運作，所以「行深般若波羅蜜多」就是正在實踐著圓滿至深智慧到達解脫彼岸的妙行。

「照見五蘊皆空」，依玄奘大師的弟子窺基大師的翻譯是「照見五蘊等皆空」，而不是「照見五蘊皆空」，「五蘊」是泛指一切的物質與精神，是色身、感受、思想、心行、意識等五種生命身心現象的存有都是現空的。由此體解種種的生命現象都是處於空性的狀態，所以能夠「度一切苦厄」。

由於覺照到一切生命現象都是現空的境界，自我的執著消失了，因此自身的苦難也自然消融了；雖然苦厄的現象還是存在，但我們的心已經超越，所以能度一切苦厄。

「色不異空，空不異色，色即是空，空即是色。」色身不異於空，空也不異於色身；色身即是空，而空即是色身自身，這是一個修證的歷程，但是「照見五蘊皆空」就是正見的實相！

所以正見有什麼好處？正見能讓我們度一切苦厄，讓我們離苦得樂。

佛法的核心議題就是「離苦得樂」，心性修鍊的議題也在於離苦得樂。

很多人的快樂是藉由吃迷幻藥得到快樂，這是在錯誤的資訊當中、是顛倒夢想當中的快樂；但是，我們每一個人也因為吃了心靈的迷幻藥，所以看不到實相，所以這種快樂是顛倒夢想。

而正見就是讓我們看破事實，是一種很積極的動作。「看破」是面對的意思，很多人看破是背對事實，那不叫看破，而是逃避。

「照見五蘊皆空」就是看破的意思，是照見五蘊皆空不是逃避五蘊。

很多人說佛法是消極的，如果說佛法是消極，那一定是學錯了，或者老師教錯了。佛法沒有消極的議題，因為佛法只有正向的議題，只有看破的議題，沒有躲避的議題。

因為煩惱出現了，能處理的馬上就拿掉，現在不能處理先放在那邊，等著把它處理掉；所以看破是一種正向議題，佛法永遠是正向的，是光明的，完全不會去逃避，也因此永遠不會遮住自己的眼睛。

積極的光明面

世間光明的特質是什麼？當光明照著物體，物體的背後則是黑暗，所以正義和邪惡的對立是世間英雄的象徵，世間追尋

的是光明而不要黑暗，所以尋求光明的電影「魔戒」或「哈利波特」是非常賣座流行的。

但是佛法講的不是正、邪兩邊的對立，因為正義或邪惡都是空性。但是請注意，佛法不是不講正義跟邪惡，而是對於正義與邪惡是非常清楚的，但是不會執著二者，因為它們二者還是空性的。

所以在世間行事，一個學佛法的法官絕對不會把邪惡的一方判成勝訴，但是他不會去仇恨邪惡的人，因為邪惡是沒有自性的、是空性的，因此邪惡是可以改變的。

但是改變不是指讓邪惡變好，變好的話只是世間相，最主要是要教導邪惡者超越而得到解脫。

所以世間的光明跟黑暗是落於雙邊對待的，並沒有看破這種對立執著的邊見，永遠困縛於對立當中。

而佛法是沒有黑暗跟光明的衝突，永遠是超越解脫的。更重要的，佛法的光明是能夠相互給予，佛法的光明是「遍照」，光明互相照映遍滿，每一個人都是光明的施予體，每一個人也都是光明的接受體，互相照映，這就是「遍照」。所以每一個人都是佛陀，這是佛法世間二元對立中的超越與通透。

佛法的正見是告訴我們，世間二元的對立在因緣上是存有，但在實質上是虛妄的，因為在因緣上的存有，所以佛法在

世間上一樣講正義與邪惡，正義與邪惡在因緣上是存有的，但二者在體性上是空性。包括魔的體性也是空性的，所以我們在心態上必須是全佛的概觀，如果我們碰到魔，就幫助他成佛。

人類存在這世間，因為肉體的存在，想以心靈直接溝通比較困難，但是肉體卻讓我們積存更大的能量去運作。

特別是人往生時，這種現象更明顯，雖然個人業障的輕重影響，但是肉體的箝制比較小，所以當我們碰到自己的親人、或朋友往生，我們可以幫助他往生。

我們藉由念佛或繼續延用許多既有的方法，因為肉體的限制小了，所以他的心可以跟我們直接相接；這個方法不管是自己或朋友或親人，當面臨百年已屆、往生之時已至，此時最好的幫助方法是：

我們的心很清楚、很明白的看著他，想像他化成光明，這光明是完全沒有任何對立的光明，像千百億個太陽那麼明亮，像水晶般透明，通透的光明就沒有光明和黑暗的差別，而且完全沒有實體，就像彩虹一樣完全通透沒有實體。

以這樣的方法觀想他，然後再想像他變成佛陀，沒有任何條件，直接想像他就是佛陀，以我們的心念直接碰觸他的心念，他感受到我們的心念，他不一定能夠馬上成佛，但是這樣的觀想是幫助他往生淨土最快速的方法。

所以，提出「全佛」就是這個道理。把每一個人觀想成佛陀，這是減少他的惡念、增長善心功德的最直接方法，也是增長自己智慧的最好修鍊。

　　所謂「諸法皆空」，不是別人的法都是空的，一般人以為「諸法皆空」是他人的法都是空的，所以他人的錢都要給我，或者他人的權力都是空的，所以他的權力要給我，然而所謂「諸法皆空」是一切諸法是空的，都是沒有自性的，都是光明的，一切都是「照見五蘊皆空」，我們觀想他是佛陀，了知他的體性跟佛陀一樣都是空性，這是最大的慈悲心，是我們給他最大的祝福跟讚美，而這也是對自己最好的智慧修鍊。

　　所以，想像別人是佛陀，他就是我們的影子，他也是我們的鏡子，反射回來，就是我們修行成佛最快的方法，也是幫助這世界最快速的方法。它不只是幫助所有的人，也會幫助這個世界加速淨化，這樣想法的人越多，淨化速度就越快。所以，不管是碰到SARS這種病毒，或是現在一直潛伏、躍躍欲現的禽流感，我們大家都想像它們是光明的、都是佛陀。

　　但是如此觀想能夠根除病毒嗎？恐怕不會！因為有很多人有壞的心念、想壞的事情，但是我們可以讓它改善的機會增加；如果每一個人都如此的想像光明，人間淨化的機會就更大，這也是我們的生命願景。

第二堂課

・發心──生命的願景・

生命願景在正見後開展

生命願景用英文表達是Vision這個字，翻譯中文是願景，也可以是一種誓願。

要讓我們的生命產生更大的價值，所依靠的就是願力，因為願有力量，所以叫願力；願所形成的稱為願景。

深刻的願景是對生命最深刻的關懷，對世間最深刻的關懷，所以菩薩以二種行動來幫助世間，圓滿清淨，幫助大家成佛。

生命願景是積極的生命觀

願景是基於正見之後的產物，所以遠離顛倒夢想後，要照見五蘊皆空。

「空」是什麼？從時間上觀察，一切是無常變化。無常就是一種積極的生命觀，這世間有太多的名詞都是把正確的意涵誤解，充滿了許多的顛倒夢想；像中國人講「無常」，常常是抱著「一到無常萬事休」的看法，把無常跟死劃上等號；對於

生命願景讓我們的生命產生更大的價值

「涅槃」的看法，也抱著負面態度。

有一次我去印度旅行，一天來到了佛陀的誕生地藍毗尼，當時的導遊是一位西藏青年人，他為我們講說當天的行程：「接著我們要去住一間很好的飯店，是由一個親王建設的五星級飯店，而且名字取得真好，就叫『涅槃大飯店』。」我心裡想：到底要如何跟大家講，不知有沒有人敢去住。

2005年我到馬來西亞開畫展的時候，高速公路旁看到有寫著「涅槃功德場」之類的文字，那是指火化的靈骨塔，而佛陀往生的地方就叫涅槃場，所以中國人將之轉化為人死後火化歸土之地大概就是這樣來的。

其實「涅槃」最重要的意思是「離苦得樂」，也就是開悟的意思，所於「涅槃」等於「開悟」，佛陀三十五歲就涅槃而不是八十幾歲才入涅槃。所以現在如果我們開悟也是入涅槃，但是如果真的死了就叫「大槃涅槃」，這也算是涅槃的一種，而涅槃真正的意思是開悟。

有人認為無常是死了，無常其實是指事物都在變化當中，這是事物的變動性，所以無常就是一個積極的生命態度。

為什麼無常是積極的生命態度呢？因為無常就客觀來講就是世界在變化當中，但對菩薩來講是一種積極的生命態度，因為他的生命願景就是因為無常才得以成佛，如果沒有無常的

話，我們永遠沒有改善進步的機會，也不用修鍊心性，因為修鍊也等於沒有修鍊。

所以什麼是死？「常」才是死，「常」才會停止，無常則不會停止，所以我們有機會改善，為什麼？因為「無常」！

所以「無常」對菩薩來講是積極的改善。「無常」讓我們有機會使今天的我比昨天的我更好，今天的我比昨天的我更慈悲、更有智慧、更有力量，這是「無常」。

「無常」是一種積極的生命態度，所以客觀的世界變化演伸到我們的心中，可以分為積極與消極二種：

一種是比較消極的如小乘的世間無常，因為世間是這樣的，所以我可以改善，這是《心經》中的「色即是空，空即是色」，色是一切世間的萬象，當我們體解一切萬象是空性，就能夠沒有執著、自由、解脫。

一種是積極的，對菩薩而言，既然世間是空的，就有機會來建立一個莊嚴的世界，淨土就是這樣產生的，所以菩薩的生命願景是積極的生命觀。

「無常」是無我的，所以我們還有機會成佛，成佛的時候，佛陀也是無我的。所以，在空間上無我，在時間上無常，有了這樣的認知之後，我們的心就會遠離「我」跟「常」的控制，而趣入寂靜涅槃，安住而不妄動，就解脫了，就是空、無

相、無我三者聯合起來一切皆空。

生命願景的構成

「正見」是很清楚的透視、了解這個世界到底是如何？現在如何？未來如何？因緣變化又是如何？我們的心是澈底的清楚，是一顆不妄動的心，這就是「定」了。

清楚的心不會被遮蔽，就是「智慧」，清楚的心永遠關懷，就是「慈悲」。

一個擁有清楚心的人，仍然要正常的生活，但是心很清楚不會迷惘受騙；因為沒辦法讓我們迷惘，我們就從生死中得到解脫；所以當我們死的時候我們會很清楚。因為我們不受生死的限制了，已經涅槃了，但因為我們有生命願景，所以再投生來世就是位菩薩。

菩薩是以生命願景來投胎的，是為了讓所有的生命得到解脫，幫助這個世界成為淨土的誓句而投胎；菩薩是用生命願景來建構的身體，這身體是用誓句、用願景來建構的身體，稱為「菩薩身」，它不是用世間父母的精血所形成的，它是依靠一種清楚的智慧、不落入生死的智慧，再加上清楚的慈悲心、清楚的不動心，也就是智慧、慈悲加上定力所構成的生命願景來形成「菩薩身」。

如果是這樣的生命形態，其實活著是已經遠離生死了，生與死的問題變成只是一個過程而已。死只是這個身體用完了，再換一個身體，清清楚楚、明明白白。不是說生下來不用洗澡，不用做吃飯、睡覺，跟這個無關。

如果還要重新活過一次，當有人問你願不願意如此生活，你仍然是願意，而且希望這麼作，這就是你的生命願景。

解脫之路極為平坦

解脫就是這麼回事，很多人把解脫講得很神祕。其實生死之路是很清楚也很簡單的。我記得一個關於廣欽老和尚的故事，老和尚是一個不認識字的人，當時有一位很大名氣的台大教授，二十六歲就拿到哲學博士，是當時台大哲學系最高的教授，他研究華嚴學，在國際上也很有知名度，一生研究佛學。有一天這位教授得了癌症，他去求見不認識字的廣欽老和尚。

廣欽老和尚見了面就跟這位教授說：「教授，你是一位很有智慧的人，我問你一句話，你想想看，回答我！」

教授答說：「請問吧！」

老和尚問：「請問你，一個不認識路的人若要去別的地方，是不是要跟認識路的人走？」

教授答道：「是！」

老和尚接著問：「那請問你，死亡這條路你走過嗎？」

教授又答：「沒走過！」。

老和尚就道：「那你跟我走吧！」教授聞言馬上皈依廣欽老和尚。

這是個很感人的故事，故事中一位是不識字的老和尚，另一位則是國際知名的教授，當碰到生死大事橫亙眼前的時候，一位譽滿國際的教授，終究是要選擇跟著一位不識之無卻能帶著他橫渡生死之流的老和尚，因為生死之路老和尚知道的，而那位一生追求學問研究佛法的教授，也總算找到一條皈依之路。

看完這故事，請問大家：「沒有生死這條路你們走過沒有？現在大家走的是什麼路呢？沒有生與死這條路你們走過沒？」如果不肯張開眼睛，那跟著我走好了。

古代很多的禪者或修行人是很調皮的，越老越調皮，甚至到死的時候，都要想點子如何死得不一樣。

像馬祖禪師的弟子鄧隱峰，他死的時候是倒立而亡，結果很多人都喝不倒他，後來他的妹妹去看他說：「你這個老哥少年的時候是當不良少年，長大以後也沒有好好守戒律，現在死了又搞東作怪。」鄧隱峰聽了就倒下。

其實不只是中國禪師有這種行逕，連南傳佛教很多大阿羅

漢都有這種行逕。有一次，錫蘭有一位大阿羅漢他要走了，他問人說：「什麼樣的走法還沒人走過？」有人打坐走，有人浮在空中走，有人站著走，好多方法都有人做了，後來他就問：「有沒有人走路走的？」一問大家都沒聽過，他就在面前畫一條線，走到那條線就死了。

神識會走，自主生死，這是一回事情；但日常生活是另一回事情，佛陀仍要吃飯睡覺的，但死時不會恐懼。

解脫之路極為平坦，比人間之路還要好走，難的是你不肯走，難的不是能不能放下，手是否肯打開；解脫很容易，難的是你要不要解脫！不是像夢中閉著眼睛喊救命，而是要張開眼睛跑開就好了。

所以念佛不在嘴巴，是要從心放下，不假循誘脫口而出：「阿彌陀佛！」這句話多麼瀟灑，多麼自在！是觀自在的念佛啊！

念佛、持咒，繼續念吧！但不要以執著心念佛，不要以煩惱念佛，解脫就是阿彌陀佛！放下的念佛，一句一句到最後阿彌陀佛就示現了。老實念佛，念佛老實，阿彌陀佛就是阿彌陀佛。

突然一念：是誰在念佛？當然是阿彌陀佛念佛啊！這是佛經記載的。很多人信佛信的很虔誠，但卻從來不肯相信佛陀所

說的：「阿彌陀佛是法界身，入一切眾生心想中，是心即具三十二相、八十種好，是心是佛，是心作佛。」能夠如是體解，應知道如何念佛了。

所以，正見建立之後，所有的愁雲慘霧就消失了，痛的時候，就只有痛啊！除了痛之外，沒有顛倒夢想。什麼是沒有顛倒夢想？就是不會恨、不會計較，但還是會痛的。

正確的見解建立之後，就擁有正見的生命，清楚的看到事實，清楚的看到實相，有些人便可以自我解脫，因為他的心是定的，不會被蒙蔽。而且，清楚的人可以發心，他的發心也是清楚沒有障礙的。

發起生命願景改變世界

生命的妄念與願景

我們的生命中充滿太多的妄念,妄念是什麼?當我們有了兒女時,兒女是需要照顧的,而作為一個修行人要不要照顧兒女?也要!但一個了悟正見的修行人照顧兒女的方式,和一個世間普通人照顧兒女不同之處是:世間人照顧兒女則是從父母照顧兒女照顧到自己變成「兒女」,修行人照顧兒女則是恰當的照顧兒女。

我們這世間人很有趣,我們看到什麼對象,就會擬態同化成看到的對象,就像生物界裡有一種動物,會擬形模仿牠所看到的對象,而變成那個被牠看到的對象,生物學裡稱這種現象為擬態,這種擬態現象在人類身上似乎更為明顯。因為人類不只是擬態,而且還擬心,就如有些人,爸爸看到兒子就想當「兒子」,媽媽看到女兒就想當「女兒」,太太看到丈夫就想當「丈夫」,兒子看到老爸就想當「老爸」,這話是什麼意思

呢？就是每一個人都在作別人所要求的自己，而不是自由解脫的自己，而這正是我們的煩惱根源！

我們根本的煩惱根源在哪裡？思考一下為什麼我們能站在這裡？我們現在站在哪裡？你以為自己站在這裡對否？

思惟一下，我們是真的站立在這裡嗎？我們所在的位置是靠什麼決定的？十方決定我們的存在。

什麼是現在呢？過去、未來、現在三世決定現在！

十方三世決定我們的時間與空間，也就是以「外在」來決定自己的存有！

我們是先存有，然後再投射。但是在修行的時候這種狀況會轉換，修到最後自他會互換，這是修行的常態。

所以，基本上我們作別人即是我們的根本煩惱，我們心靈上老是不大喜歡自己，我們都想去作別人；所以一個世間人若老是想去作別人，那麼他便沒有辦法作自己，也就沒有辦法作主。

要如何才能作主呢？要先作自己才能作主，也只有作自己才能觀空。

就像一對夫妻，剛結婚的第一天就想試驗一下彼此之間的關係，是否能夠海枯石爛，於是閒來無事就鬧一下，試鍊感情的緊密程度，明天再試一下，後天再擢一下，大後天再探一

下，雙方的關係就在互相之間的刺激終於瓦解了。我們常常不扮好自己，反而去擬取許多的煩惱、許多的角色，導致許多的混亂，而讓自己的心陷入顛倒夢想。

我們應好好扮演自己的角色，好好作自己之後才能看到自己是因緣所呈現的空性，這樣才能抉擇出最正確的因緣。

由於我們生命之中有太多的妄念，太多的顛倒夢想，而讓我們的生命承受了太多的苦難，所以苦難是妄想所生出來的！

記得1990年我發生車禍住院，車禍當時因為被車子拖了很長的一段路，身體上下到處是拉傷、燙傷，肋骨也斷了，所以睡覺時只能靠側臥一邊睡覺。在這種情況下，醫院的護士很關照我，有次問我：「洪先生啊！你會不會痛苦？」

我說：「痛是生理現象，苦是心理現象，我很痛，但不苦！而還有樂從心中生出來，所以是痛樂不痛苦。」

我們不能控制痛，因為它是因緣所生，但我們的心是可以自主的，為什麼要讓它苦呢？這是我的痛樂哲學。

當我們把生命中的事件一個一個的拆開檢視之後，我們會發現其中潛藏著許多的妄想妄念，把這些妄想妄念放掉，如同《心經》說的：「觀自在菩薩，行深般若波羅蜜多時，照見五蘊皆空。」之後就沒有妄想妄念，心是清明的。

心靈深處的生命願景

一個真正對眾生關懷的人，心靈深處都有一個生命願景，也就是誓願，就是很多學佛人早晚課所念的四弘誓願：「眾生無邊誓願度，煩惱無盡誓願斷，法門無量誓願學，佛道無上誓願成。」這是基本的願望。

生命願景一般有二個取向，一、圓滿眾生成佛，二、莊嚴諸佛淨土。四弘誓願的第一個願是圓滿一切眾生成佛，所以「眾生無邊誓願度」。「煩惱無盡誓願斷」，為什麼有煩惱呢？因為有眾生所以有煩惱。

如何斷除眾生煩惱呢？所以要「法門無盡誓願學」。最後成就佛道，「無上佛道誓願成」。

第一個願是「眾生成佛願」，是每一位菩薩一定要作的事情，菩薩就是要作這個事。第二個誓願是「莊嚴諸佛淨土」，每一個淨土都要去莊嚴，所以要建構這個世界成為清淨的佛土，身為菩薩，這二件事都要完成，這就是為什麼要提出全佛的理由。如果我們認為每一個人是佛陀，會增加大家的願力傾向，大家會清淨山河大地，少作污染的事情，讓它成為清淨的地方。

誓願用佛教名詞來說是三昧耶，當我們超越生死之路時，我們就靠發願來讓我們身體持續在世間裡運作，這個身就稱為

三昧耶身。誓願就像盔甲一樣守護著我們生生世世，不受污染，所以願力是最重要的！

所以說「神通敵不過業力，業力敵不過願力。」可見願力的威力。

如果我們從自身開始發願、開始行動，這世界是要改變了；也許有人會懷疑：「怎麼可能？」但是這世界是屬於可能的人，不屬於不可能的人！

就從現在開始，我們發起誓願，世界就這麼改變了，我們改變了心，我們體悟了空性，我們發起生命的願景世界就開始改變了。所以佛經裡寫了很多不可思議事情，這些不可思議的事情，就是當我們真正發願的時候，宇宙會震動的，因為它根本的結構產生了變化。當我們正式發願的時候，我們會感覺到在這個世界、我們所在的地方不一樣了。

我們可能會時常忘記自己的誓願，會忘記沒有關係，可以再發起誓願，常常發願，不斷的提醒，到最後這個生命願景就變成我們心中的根本！

佛教是不講命運的，我們不斷提醒跟發願，我們的生命就會如同菩薩的生命一般──無上菩提命，身體就成為三昧耶身了。

用生命願景建構生命

正見讓我們認知了時間上的無常，空間中的無我，一切都是空。慈悲心是很清楚的了悟這世間的種種因緣之後，也就是正見世間之後所發起的。

龍樹菩薩在《中論》中講空，指出「空」就是我們正確的看法：「因緣所生法，我說即是空，亦名為假名，亦名中道義。」

什麼是因緣所生法？世間所存在的一切萬法，大至宇宙，小至最細微的病毒、細菌、分子、粒子，一切法界萬法，因因緣緣，我們的存有，我們的身、我們的心，這一切依存、這些關係，一切都是因緣所生，所以因緣所生法，就是佛法，就是一切萬法，龍樹菩薩說這些萬法就是空！

要釐清的觀念是「空」與「沒有」是不同的，因為有與沒有還是落在二邊相對待中，但一般世間裡「沒有」是相對於「有」，所以超越有與沒有才是「空」，而空也是假名。

所以世間一切東西它都有一個Mark符號，這符號僅僅是一種符號，代表因緣中的關係，它不是固定不變的。

例如一枝白板筆，在一百年前這白板筆存在嗎？而一百年後是否還有白板筆的存在呢？恐怕是沒有，因為這個東西是因緣所產生的東西，它會隨著因緣而改變。

再提出一個問題：「東邊在哪一方？」

如果你認知東方所在，而心裡並沒有執著這因緣所成的東邊的方位，就是超越有、無的雙邊對待了。

所以一切萬事萬物只有假名，並沒有真實的東西，都是因緣所生法，「有因有緣世間集，有因有緣世間滅，有因有緣集世間，有因有緣滅世間。」現前一切都是假名，所以再返過頭來問：「我」是什麼？如果「我」是假名，不要執著我，但「我」是否可以相續存在？

答案是可以的，只不過這個我的相續存在本身，也不是一個相續性。就如同黃河源頭的一滴水，流到黃河入海的時候，還有那滴水的存在嗎？

思惟一下，所以黃河是什麼？「黃河」也是不斷的假名概念，而這個假名就是空，就是因緣所生法，一切世間都是如此存在。

什麼是「如來」？「無所從來，無所從去」是名為如來；用另外的名詞詮釋，「如中行來，如中行去」，在如中動作，一切時間取當下，空間取當體，在當下當體裡作一切事，而不執著一切事，就是「如來」，又名為「中道」了。

而這為什麼是中道呢？不偏於有，也不偏於沒有，不落入於有跟沒有，只是如如實實的存在，如如實實的生活，這就是

「如」，也就如「真如」。

僧肇大師著有《不真空論》，「不真」就等於「空」，一切萬事萬物並沒有一個絕對不變的東西，就是「不真」，這就是「空」。

所以「空」不是有，也不是沒有，是超越有與沒有，有與沒有都是一種假相。當我們超越有與沒有的雙邊相對待的執著，這樣子認知之後，我們的生活就從正見中開始走向涅槃；了解無我、無常、空就開始走向涅槃了。

走向涅槃的人，有兩種路向可以走，一種是圓滿生命涅槃去；一是變成阿羅漢，不受後有。

而阿羅漢（或是緣覺）有二種類型，一種類型是生前得到涅槃，也就是生前開悟，這叫「現法涅槃」或「見法涅槃」，在活著的時候得到涅槃；另一種類型是死的時候得到涅槃，這叫「般涅槃」，但「般涅槃」有個特質就是：「所作已辦，不受後有」，所以他不存在「有」跟「沒有」，也就不再投生、受胎而入涅槃。

但要注意的是：入涅槃不是就沒有而是「不受後有」，他不像我們這樣存在了，因為我們的存在型態是煩惱之下的存在。而涅槃是當所有煩惱都解脫了，就是涅槃，也就是生命中的事實。

另一種是菩薩，他不住於涅槃、不受後有而留惑潤生，他是不斷除煩惱而在生死中度生，用生命的願景來建構開悟之後的生命，要學習佛陀一樣度盡一切眾生，所以菩薩是用生命的願景也就是以發心來建構成佛之路。

成功來自生命願景

　　開悟之前的生命與開悟之後的生命，到底有何不同呢？在《金剛經》中二道五菩提的，可以幫助大家了解其意涵。

　　二道是：般若道與方便道，五菩提則是：發心菩提、伏心菩提、明心菩提、出到菩提、究竟菩提。

　　在這裡「發心」是指發起無上菩提心。現在「發心」這二個字的意涵，已經被通俗化了，比如如果有人說：「這個人很發心」，通常指這個人很慷慨，捐了很多錢，這和我們現在所講的發無上菩提心的「發心」，在意涵上大不相同。

　　「發菩提心」在原來的意思上，「菩提」是覺、覺悟、道的意思。

　　所以發菩提心可以分好幾種菩提，三乘之人所獲得的菩提是：聲聞菩提、緣覺菩提、無上菩提。

　　在此發菩提心應是指發無上菩提心，也就是發起眾生成佛願及成就諸佛淨土願，菩薩的發心一定是朝向這個方向，所以

發無上菩提心是發成就無上菩提的生命願景，和一般的生命願景是不一樣的，它是究竟的生命願景，是要成就最究竟的佛果，進而把世間建構成圓滿的淨土，也唯有如此發菩提心才能成佛。

在我們的生命願景裡，如果有了究竟而圓滿的發心作前導，那麼就算是在世間的生活裡，比如說我們福報很大很有錢，我們也不會把生命投資到錯誤的方向；反過來，我們會效法維摩詰居士，而把錢或福報利用的很圓滿。

我曾經將《金剛經》的意涵，寫成偈頌：「企業即布施，利潤即福報，輾轉善循環，成就淨世間。」

企業作什麼布施呢？第一個是對自己和親人的布施，第二個是對員工的布施，第三個是對我們所服務大眾的布施。所以企業作出好的產品是一種布施，而利潤是我們的福報，這樣子輾轉善循環不斷的運作，而透過因緣法的調整，終究成就了清淨的世間，這整個運作的結果就是一種願景的實踐。

因此，財富累積到一定程度，一定要提昇自己的身心，否則金錢會變成生命的負擔。所以成功的人，要有成功的心，什麼叫成功的心呢？就是能夠堪受成功，也就是當我們成功的時候，我們的心沒有變壞，而且還不斷的昇華，不斷的前進；想要不斷地昇華進步，就必須描構自己生命願景，我們的成功是

來自成就我們的生命願景，以我們的願力來幫助所有人，使世間眾多人因為自己企業的成功而得到利益、得到光明。

所以，這世界的財富不要全部讓壞人賺走了，因為壞人會拿去作壞事，錢要讓好人賺，最好是有智慧的人賺，更好是具有慈悲的人賺，如此一來，錢會被重新投入更好的事情。

但是這世間因緣難知，好人賺不到錢是因為他累積的福報不夠，壞人賺錢可以賺短期利益，好人賺錢一定要靠長期的福報累積，所以好人賺錢會比較慢，但他的錢是長遠的，壞人賺錢則可以短期得到暴利，但是一個善守正道的人，他賺錢之後仍可以維持正面的走向，他不會變來變去，路可以走得很長遠；他或許會一時困頓，但是他不會很慘。而一個用壞心眼賺錢的人，他可能因為過去世福報的緣故，所以他現在可能短期內就賺了一大筆錢，但以後怎麼辦？所以長久而言，因果是伴隨著我們的。

好人要增加財富則是要靠著長期的福報累積，因為好人不會用奇怪的方法去賺錢，所以好人賺錢必然是慢的，賺到錢之後也不會拿錢去亂搞。

好人若真是窮，窮也窮慣了，所以窮也可以幸福，但是富人一夕落難而變窮，則痛苦而難堪。一個善人雖窮，然其心靈依然幸福而平安；一個惡人則難堪忍於窮，而勢必會想辦法弄

錢而行惡，其結果可能十個賺到錢的壞人裡頭，有九個賺到錢後去亂搞，剩下一個則被恐嚇。

如果是正常平穩賺錢的企業，平常我們是不會去注意的，我們總是聽到那些偷來偷去的事件，而且偷來偷去的很多都變成階下囚，況且，這些心態不正的人，他們在成功的時候可能是意氣風發，失敗的時候則痛苦難堪，更何況他們這些人大部分可能是失敗的，一旦失敗，又一天到晚想到處摳錢，又摳不到錢，這些人的比例相當高。當他們很窮的時候，就痛苦一百倍；所以所謂福份、福報，很重的核心是一種心裡的感覺。

但是，有人老是會想，為什麼好像老是賺不到錢？因為正常管理賺錢總是比較慢嘛；另外，可能也是想作一些好事，而當推動不了的時候，心裡自然寄望多一點金錢來幫助，有這種心念沒有關係，這種心可以繼續發展下去，因為這是一顆想布施的心。

不過布施也分三種，就是：財施、法施、無畏施。而布施的對象不只是別人，也要布施給自己，自己恐懼的時候可以給自己無畏施，所以布施不一定要拿錢，福報也可以用幫助或安慰別人的方式來累積，最重要的，不要希望鐵樹一年就可以開花，佛法是功不唐捐的，安住自己就是對自己最好的布施，布施給自己法與無畏。

以生命願景建構圓滿的未來

發無上菩提心是要「圓滿眾生成佛，莊嚴諸佛淨土」。

在《金剛經》裡有教導我們如何去修行這個發心。經中記載：「善男子、善女人，發阿耨多羅三藐三菩提心，云何應住？云何降伏其心？」這段經文可分為三部分，就是如何發心、如何修心、如何伏心。

發心就是發無上菩提心，然後要修行這無上菩提心，讓這無上菩提心不斷的在心裡運作，當我們察覺這個心脫離了這無上菩提心時，要降伏障礙，讓心回到無上菩提心，所以整部《金剛經》就是一部「無上菩提心經」。

整部《金剛經》也可分為二個部分，前半部跟後半部看起來是一樣的，其實前面的部分是教我們從修行到開悟，後半部是教我們從開悟到成佛，同樣的東西講二輪。

所以發心之後，我們要伏心，降伏心中不是無上菩提心的部分，讓它重回到無上菩提心，修行就是這樣開始的。

再來是「明心菩提」，明心指的就是開悟。開悟之前的菩提心叫世俗菩提心，因為開悟之前的菩提心是用世俗的心去發起的，雖有正見、正向，但是缺少了空的悟性。

開悟也就是看到空性以後，這時菩提心的內容已經不一樣了，變成「勝義菩提心」，就是不執著菩提的菩提心，也就是

「明心菩提」。

開悟之後，我們用這個「明心菩提」去擴大，去發揮，就變成「出到菩提」。開悟是初地菩薩，出到則涵括了初地以上至七地，「究竟菩提」為八地到成佛。菩提心或者說生命願景，就是有如上所說的次第。

所以，當我們了解空性，有了正見之後，就開始擘劃自己生命的歷程，而這生命的歷程是築基在什麼地方？是在讓一切眾生圓滿，讓這個世界圓滿，也就是眾生成佛，淨土圓滿，沒有障礙、沒有煩惱，把這個世界變成淨土。

雖然我們現在向前邁進的是正見所指引的方向，然而我們的觀念可能還有執著，因為我們現在還是處於世俗菩提心的狀況。

所以，在我們藉由發心來擘劃生命願景，也就是有了正見正向之後，我們仍必須不斷的把我們內在屬於世俗的東西銷溶淨盡，讓正見不斷增長深化，到最後我們真正開悟，就可以用這開悟的心去修行而究竟成佛，所以整個生命願景就這樣完整地實踐。

走向成功的生命願景

無所執著地實踐生命願景

正確發心後的實踐過程是在「應無所住而生其心」的狀況裡完成，必須在不斷的實踐，不斷的運轉，不斷的無常的過程中實踐，所以我們不能有所執著。

所以理想是一種傾向，但不能黏滯於理想；比如說「慈悲」，慈悲千萬不要是一種樣子，慈悲是什麼？是一種過程，而不是一個樣子。

很多人講慈悲，到最後變成形式化，一個固定化的樣子叫慈悲，不是那種型態就叫不慈悲，當慈悲落到變成一種固定的樣子、一種型態的時候，慈悲就墮落成一個世俗的東西了，它就開始變成一種繫縛心靈的煩惱。

比如當我們在路上碰到一些躺在路上的乞丐，這時我們要想著：到底要布施給他們錢，還是不給？基本上，我傾向不給，雖然每次我看到的時候，我還是很難去抉擇到底要作什麼

樣的動作，但這個傾向不給是我的態度，沒有人說不給才是菩薩或是給才是菩薩，但是有很多人卻在意這種形象，而認為你不給就是不慈悲，可卻另外一些人又說，你給就是不慈悲。話雖如此，我基本上還是傾向不給，雖然每次我都會重新思考和觀察。

為什麼？我們都看過太多次他們被放置下來的樣子，而且，想想看，一個沒有腳的人或者一個殘障的人，他怎麼可能獨個兒爬到那個地點，他是被放到那個地方的嘛！

而且，通常都是在下雨的時候，把他們丟到那邊；甚至是大熱天，連我們正常人都快中暑，還讓他們躺在那邊，更是沒有人道到極點。

我們遇到這種情況時，是要布施給他們錢還是不給呢？若我們給錢，他們真可以拿到這個錢嗎？不給錢，他們可能回去就挨罵，所以，到現在為止這對我而言，還是一直猶疑沒有辦法決定。

但是我碰到過很多人，他們這樣回答：「你為什麼不給？你自己還是修行人耶？」有時我忍不住時就會給，而有些人又說話了：「咦！你怎麼給他，這樣子不好。」到底給或不給，端看自己抉擇，如果有人問我不給的原因我會講，但我絕不會去替別人決定要給或不給。

實踐生命願景的過程不能有執著

這狀況也同樣發生在器官捐贈上面。在佛教界，過去器官捐贈一直是個禁忌，後來因為我提出「萬人菩薩捐器官」的運動而將這個禁忌打破。

　　這背景因素一個是：印光大師主張死後二個小時不要移動亡者。這是有道理的，因為很多理論說人死後沒有感覺，因為神經系統斷掉了，而且意識已經離開了，所以沒有感覺，這是一派的看法。

　　但是這種看法是否確實呢？可能人死後神經系統沒有連結，但是是否有感覺？可能有，例如如果有人手斷了，斷掉的那隻手還是會有痛感，更何況是人死後，他仍然很愛護自己的身體，所以碰觸他的身體，他的感覺仍然存在的。死後不能保證我們沒有感覺，因為有些人可能有感覺，有些人可能沒感覺，但是我們必須假設有感覺，而且保持清明的心。

　　如果了解會在死後受到這感覺而影響，但仍去器官捐贈的話，這是菩薩心；如果發起菩薩大心，阿彌陀佛是不可能拒絕我們去極樂世界的。所以必須了解，我們可能會痛，但是因為我們的菩薩發心，我們願意接受。

　　印光大師講的是二個小時不要碰動亡者，弘一大師則把這段時間加長為八個小時，認為這樣比較有保證。所以，我提倡器官捐贈不是說不會痛，而是說如果你是菩薩發心，你願意像

佛陀一樣捨肉餵鷹，你可能會痛，但是你仍然願意器官捐贈，這就是菩薩發心。

我發起器官捐贈時，在一個月內，佛教界有一千多人響應，從那時起整個風氣打開。所以在佛教界，有很多器官捐贈的人，認為我在某些方面是個英雄，但有一部分人執著以為要捐贈器官才是菩薩，所以後來我發表了一篇論文，這些人就轉而變得很失望。

因為我在論文中提出了三個觀點：

一、器官捐贈是個很珍貴的東西，所以不能妄用器官。因為很多人得到器官了，結果發覺到他們很不珍惜感恩；因為還要比較一下哪一個好、哪一個不好。本來器官捐贈是安排就用，否則短時間內就爆廢無法使用了。很多資料顯示關於器官的使用率有過低的嫌疑，就是說有些人捐贈出來的器官，被浪費掉了。這是我提出的第一個觀點。

二、器官捐贈是醫療科技不圓滿。所造成的過度現象，當有一天人類的器官都可以製造的時候，就不須要作器官捐贈的行為了。

三、知痛而捐贈器官者是菩薩，不捐贈器官者不見得不是菩薩，這是每一個人各自生命的抉擇。

但是，這篇論文發表之後，有些人就很生氣說：「你為什

麼這樣講？你這是打擊我們作器官捐贈。」我的回答是我只是講實話而已。

所以，千萬不要被一個基本教義、一個想法，就決定了自己的態度。任何事情，要很務實的、很真實的去依現前的因緣來觀察。

所以，有很多人問我：「我的生命要走什麼路？」或「我要修什麼法？」我從來不回答這類型的問題，因為大家都是佛陀，所以，我怎麼可能替一位佛陀決定他的生命方向，那是你的生命，我不會替你決定。決定要修什麼法，或決定要修某一位本尊，等你決定以後，我再告訴你如何修這個法，如何修持才是最正確的，如何修是最圓滿的。

事實上，大家走的每一條路我都可以給予適當的建議，但是，我不會建議你的生命走向，我可以建議如何比較好，而且怎麼走才是最好的路線。

因為你們是佛，所以我絕對不會替你們決定一位佛陀的生命，所以自己要對自己的生命尊敬。但是，現代人喜歡把自己的生命依靠別人，讓別人替你決定一切。然而當我的答案是好時，我可以替你決定：「你是佛！」可是我得到的回答是：「不要！」

所以，當我說你是佛陀，大家都不接受，雖然如此，當你

決定了之後我還是會告訴你走什麼道路。為什麼是如此？因為我看大家是佛陀，我尊敬你們的生命，而大家自己的生命，則要自己去抉擇。

幸福的生命願景

心性的修鍊是需要發起生命願景的，而且要正確的發起，我們的心要正確發心，必須要「心無所住，境無所得」。這種空的實相，顯現出來就是因為空的緣故。

當我們正確的發心時，我們不會有一個特定的樣子，就如同前面所說的，慈悲不是一個慈悲的樣子，慈悲是一個相續不斷的過程。有了正確的發心，慈悲就不會踏入特定的樣子。

在生活中，有很多人追求成功，其實那不能稱為「成功」，為什麼？因為大家把成功當成一個點，然而成功不是一個點，成功如果是一個點，很多人就慘了；所以很多人一輩子追求成功，最後成功達成了，身體也垮了，結果一切都毀了，什麼都沒有了。

所以，成功是一種過程，一種相續的過程，我們現在天天都在成功，圓滿的成功；而慈悲也是一種相續的過程，你都一直對人好是慈悲的表現；如果認為自己才是慈悲，而別人不是慈悲，這是錯誤的想法。慈悲不是一時一地的態度或行為，它

是一種相續不斷的發心。

所以，佛法所談的六度（六波羅蜜），它是一種相續不斷的態度；同樣地，不要把慈悲當成一種樣子，慈悲是一種相續不斷的態度，是一種發心，是不斷的發心，不斷的實踐，依因緣而不同，這時候這樣作是慈悲，那時候這樣作可能就不太慈悲，這是要依因緣而定。

所以，慈悲心是內在的，而慈悲的樣子是外在的；像很多人講道德，例如宋明理學家，為什麼演變到最後道德會變成吃人的禮教？這是因為道德本來是尊重所有世間的因緣型態。一切的尊重都有道德的內在性，有道德內在即是尊重一切因緣外相；但是，如果道德變成一種樣子展現出來時，就變得很麻煩了。如果你不這樣子表現就不道德，這是二個截然不同東西。所以像「男女授受不親」、「妻妾不同席」等吃人禮教就是這樣演變而來的。

所以道德一定要有內在道德性，道德的因緣是會隨著時空而產生變化的，如果強烈要求某一種形式才是道德，這是非常不道德的。

同樣的，慈悲是一種內在性，不斷的面對眾生、不斷的慈心、不斷的要幫助眾生成佛，這才是真正的慈悲。

所以，不要堅持有某種固定不變的正確或對的形式，心要

不執著的，如同《金剛經》所講：「應無所住，而生其心」，如果沒辦法「心無所住」，也不要被困住，調整一下：「生其心時，應無所住」。當心念生起時，不要執著，善心起時，就去作吧！不要執著，就直接去作！過程，也不要執著！只是不斷地作，不斷的發心！這樣就能夠成就空性的菩提心，成就「究竟菩提」。

第一堂課開啟了「正見」的第一扇門，沒有正見，一切都是虛妄的，像是吃迷幻藥一樣，是顛倒夢想下的產物。

第二扇門則是建構生命的願景，生命願景有兩個，一個是建造自己與他人的圓滿，究竟圓滿成就佛果境界，第二個是把這個世界建成清淨的佛土，讓這個世界圓滿。

當我們建構生命願景時，我們就走向生命願景，這可能是一條長路，但是，我們走在這條路上不會孤單，我們會很幸福。

第三堂課

・生活——中道的人生・

保有智慧清明的心

清明的心是沒有染著的心

當生活中沒有電視時，我們怎麼辦？沒有有線電視時怎麼辦？生活中沒有電腦怎麼辦？沒有交通工具怎麼辦？⋯

在颱風的季節裡，常常有停水、停電的問題。想想，如果此刻我們的生活是沒水也沒電，我們如何自處呢？

關於這樣的問題，生活在這樣世間的我們，每天面對的外在千奇百怪層出不窮的變化。所以，正確的觀念提供我們生活的正確方向，我們要如何自處，是現代人重要的課題。

佛法的正確觀念，並不是大家所認定的一種規定，所以「正」是依據我們所見到的本相、實相，而不透過思想的扭曲，正確的見到這個就是「正」。

所以正見原本是提供一個固定的想法，也不是一種思想控制，也不是一套觀念、思想、哲學，佛法的正見就是「如」。

「如」就是如同它本然的樣子，要形容「如」的真確性，

就稱為「真如」，真如不是真的有一個「如」，而是「如」是真的。

佛法其實是很簡單的，只是大家的腦筋很複雜，很複雜地來看待、思惟很簡單的東西，將最最簡單的東西變得很複雜；只要心中存著不可能如此簡單，以為背後一定還有東西，就變得很複雜了。

佛法的單純性超乎我們一般的想像，它是真正清楚的直觀，這就是正見。所以佛法在生活中是很輕鬆、自在、喜樂的。因為我們加了太多的扭曲，將生活變得很複雜，變得有很沉重的負擔。

因此，如果將佛法視為宗教，其實是太沉重了，但是經由歷史的發展與演變，它的確有宗教的傾向；佛法也不是哲學，因為它沒有那麼複雜，但佛教還是有發展出佛教哲學，這是因應人間的需要而發展出來的。

如來在菩提樹下見到曉星悟道成佛，悟道的「道」就是「如」、就是「實相」，所以佛陀稱為「如來」。如中行來，所以以佛陀是如中的人，也稱為「如去」，他的運動性是在如中，所以「如來如去」是無所從來、無所從去。

為什麼佛陀是無所從來無所從去，因為他所從來是空，從去也是空，「空」是無常無我，佛陀見到了因緣，就是悟道。

所以因緣法是「如」，是見到因緣的實相；佛陀對於任何事情都是清清楚楚、明明白白，所以是「如來」。

清楚看見自心

我們或許會生起這樣的問題：開悟是否需要時間呢？開悟並沒有任何時間性，也不需要任何空間的。古來禪師為了展現這樣的事實，留下了很多的故事。有一個例子是：有一位禪師在一莊嚴的大殿上，吐下一口痰，資客師父見到這樣的景象就對他說：「這麼清淨的地方，你怎麼可以吐痰呢？」

禪師就很驚嚇的說：「唉呀！真糟糕！我不知道這個地方這麼清淨，請問那個地方不乾淨我可以吐痰。」

資客僧聽了楞住了：「何處不清淨呢？」

這是一個很明顯的事例，見到了因緣的實相就是「如」，正見就是安置在這種狀況下的見地，進入這種境界就是具足正見。

再舉一個例子，如果某距離處有一隻手，我們是否會看到那隻手？答案是肯定的，但是，我們看得清楚掌紋嗎？不一定，視我們的距離遠近，所以這是焦距問題。

但是我們看到了手，就好像我們有了方向，就像具足了正見；卻仍然無法看清手上的掌紋，就代表著在正見之後，要不

在生活中實踐正確的生命洞見與生命的願景

斷努力修行。不斷地對焦增加清楚度，慢慢就如同「觀掌中的阿摩羅果」，阿摩羅果是指芒果，所以悟道還有分初地、二地、三地……至十地的階級，這就是焦距的不同所造成的。

所以我們的境界到什麼程度，智慧的發展就到什麼程度，但是經過不斷的修行，就會越來越精準。所以低位的開悟可能等於高位的正見，所以正見不是有一個觀念叫正見，而是一個真如的事實。

僧璨在「信心銘」中講：「言語道斷，非去來今」，這是超越一切語言，講如來或講其它的都只是形容詞，是一種指涉。

所以真實的悟相，是在我們的心中；我們看到真實的現象，就在自心中明白了，如同啞巴吃黃蓮，或啞巴吃到蜜，苦甜自知。當我們放下時就開悟了，放下執著、心裡面一切障礙，就是了。

這裡面常常會出現的問題是：當我叫大家放下時，有些人心中生起另一個「我」要放下，心中想著：「我要放下。」所以當我說放下時，最先的反應是落於思維中，先想要放下，這只是一種放下的感覺。另外，如果當我說：「放下！」時就直接放下了，這時會產生覺受，如果真的放下時就開悟了。

開悟有什麼用處呢？開悟後的生活還是食、衣、住、行、

育、樂等，一樣的生活，一樣的人生，但是執著性就減少了。

大家了解什麼是正見之後，還沒辦法完全體悟真正在開悟之下的狀況，所以如來用三法印、一實相印來解釋這樣的立場。

但是為什麼說佛法不是一種宗教，因為他不是信仰的東西，初期要透過信仰趣入，到最後自己實證了，所以它也不是一個哲學性的東西。

很多人說像《中論》、《瑜伽師地論》這種偉大祖師的大論本身都是很完整的哲學系統、思想系統，這很完整的邏輯系統。

這又是誤解了，因為這些偉大的經典是佛陀自證內容所宣說的，他對每一個人宣說他的生命經驗，而這些論點是偉大的祖師、菩薩們，在他們自身開悟之後，運用世間的語言來解說他的實證內容。

《中論》說：「不生不滅，不來不去、不常不斷、不一不異。」這種邏輯在世間是不存在的，我們一般講的邏輯不是一或非一，而是只能選擇一種，但《中論》說：「不是一，也不是非一。」這是實證內容，這不是思惟內容，更不是哲學思想體係。這是運用這樣的方法來告訴我們，如果我們把它弄成一套的話，就落入言語中了。這是讓大家了解正見不以正確的

觀念來解，而是清明的心、沒有染著的心，直覺的心，見到「如」的心。

什麼是見到「如」的心，就是看到事情不增不減，不會去扭曲，就是很單純的看到實相，只是看到的心，看到的萬物，都知道它是由緣起所構成，而我們的行動是依因緣而行動，但是我們的心是超越一切因緣的總相，我們的行動一直在因緣當中，我們的心是清明的智慧，這是最主要的。所以清明的觀念，是心要很清明的。

「無所從來，無所從去」的如來，再重新加了一個論釋「如中行來，如中行去」，因為「無所從來，無所從去」，對現代人而言，好像活動性不太夠，所以我就加進了活動性，這樣看起來，比較符合現代的需求，在「如」中跑來跑去。

去除輪迴相續的妄念

正確清楚的觀念之後要了解我們生存的世界，在正確觀念裡面發現到這個世界是虛幻的。所以如來看到了正見，他教導我們三法印，一個是諸法無我，一切的法、法界眾相都是沒有自體性的，在空間上是無我，在時間上是一切運動性都是無常，如果了悟的話，就不落入輪轉；不落入輪轉就是涅槃寂靜，我們不落入輪轉，進入涅槃，所以我們的心是寂靜的。

在這樣狀況裡面，不會再隨世間輪轉、輪迴，這就是不受後有，超越有、無的雙邊對待。

而三法印所代表的是一個生命在時空中的正確位置，它的真實位置，所以像如來講正見，有時候把三法印跟時間跟空間合在一起談，就是緣起性空，一切都是空的，從一切的理性上來觀察，一切都是空。從事件上來看，也是一切是虛妄性。所以，無論從理上、事上，這一切都是空。

落實在一個真實的生命教誨上面，教導我們實相，我們了悟這個就開悟了；但是落在生命教誨上面，他會跟你講說，要怎麼做才能夠解脫，所以從這裡就引發成四聖諦。因為這是一個客觀法界實相，客觀宇宙實相，這就是事實。

四聖諦告訴我們：現在煩惱嗎？我教你怎麼樣來進入事實的方法。所以這裡面有教誨義存在、有針對性，所以是無常、無我，在無常無我中為什麼還會苦呢？但是佛法不是苦教，不是教我們進入痛苦？很多人以為佛法是苦教，一天到晚教人家苦；佛法並沒有教苦，而是告訴你什麼是苦，佛法教我們離苦得樂。

否則釋迦摩尼可能是最苦了，但看起來他也不像。所以這事實告訴我們，世間是無我無常，但是我們總誤認「我」是常。

我們的心念是屬於顛倒的狀況，《心經》告訴我們「遠離顛倒夢想」，我們在顛倒夢想中，現實的世界就是苦，所以諸行皆苦，有受皆苦，就是依於我們跟世間的實相相互抵抗產生的。

苦的產生有它的原因，苦集是苦的積聚、既然有原因，所以我們要消滅苦，但不是苦的現象，苦的現象是讓我們激起消滅苦的原因的動力，但是很多苦的現象，讓我們很痛苦，所以我們就不想去消除苦的原因，而只是想結束苦果。這很痛苦，就像是腳癢就把腳砍掉了，大家不會這樣做吧！但是有些人沒錢就搶銀行，就是類似這樣。

但其實我們大多數的人都是這樣做，多多少少都會想消滅苦的現象；而佛法的方式是消滅苦的原因，因為現象是實，沒有什麼好消滅的，所以是要消滅苦的原因才能夠得道；消滅苦集之後，就會得到「滅」，滅是指生滅、寂滅的滅，是苦滅的滅。

很多人對「滅」有錯誤認知，認為苦集滅是什麼都沒有，什麼都沒有就慘了，佛陀什麼時候講過涅槃是什麼都沒有了，佛陀所說的涅槃是痛苦的都沒有了，所以苦寂滅，滅諦是苦滅諦，苦滅諦要把苦寂滅，所以要苦滅的方法。

這苦滅的方法，是利用「因」能造成「果」，所以苦滅法

是八正道，而比較利根的緣覺就直接用觀緣起法——十二因緣，無明緣行等等，斷生老病死、斷無明，這是另外一條路向；同樣的菩薩也是直接觀察緣起，觀察每一個當下都是空，這樣的方法就變成了佛法修道的一個主軸。

所以藉著正見正確理解世間的真象，我們還看不到正見——世間的真象，佛陀指導我們依尋這一條路走去。所以正見是我們路向的指導，而正見最重要的是要了解空、無常、無我三法印，心很清明的把三法印放在自己的心中去除妄念。

正確的生命洞見是我們的眼睛

一位真正的修行人是心中有三法印的人，隨時以三法印看事情的人，就是二十四小時的佛教徒，不單只是每天做早晚課，雖然做早晚課是好的，但是核心的依據還是三法印。

所以，具有正見，正見就是我們的眼睛，有眼睛的修行人、有眼睛的人，或有眼睛的生命，他能看到到事情的真象；縱使如此，往往還會受到週遭環境的挑戰，週遭有些狀況時，我們可以選擇二條路向，一條路向是我們具有正見修行解脫，而入涅槃，完全的開悟就是涅槃。所以我們可以在二十歲開悟、三十歲開悟、四十歲開悟，但不管我們幾歲開悟，我們開悟是活著時候的狀況。

雖然也有死的時候開悟修法，但是好像不是主流，應該是活著的時候開悟。所以，鼓勵大家要活著的時候就有把握去極樂世界修行，不要一直拖到死的時候再考驗自己的功力，這種做法很危險而且太沒把握了，所以最好是活著的時候就有把握去極樂世界。

去極樂世界不一定是死的時候才去，當我們做夢的時候也可以去。但是我們思惟一下，做夢的時候去極樂世界，到底是夢？還是真的？大家要想清楚自己是夢中去或是定中去極樂世界，大成就者或釋迦摩尼佛他們是可以隨時去極樂世界。

同樣是去極樂世界，去的方式不同可分為三種程度，分別是：夢中、定中、隨時；這也是修行的次第。希望大家能夠隨時隨地或是每天到極樂世界去做早晚課，這是我的期望，我們盡量達成這個目標。

開悟是不是涅槃？涅槃就是開悟，釋迦摩尼佛三十五歲開悟，中國傳統是講廿九歲，但現在一般來講卅五歲，卅五歲佛陀已涅槃，很多禪師二十歲開悟，有些年紀大的才開悟，像虛雲老和尚六十八歲開悟。

有人以為死即是涅槃，但是佛陀在菩提樹下開悟的時候稱為現法涅槃，所以開悟是涅槃的意思，而死的時候是槃涅槃，是肉身不再受後有，因為這肉身還有些殘污，不受後有，這是

一條路，選擇涅槃的路線。

另外一條路線是進入幻境，救度眾生；因為這個世界是虛妄的，但是眾生在虛幻世間，連眾生都是虛幻的；只眾生在虛幻世間裡面，在幻境中執著幻境為真實。

菩薩不願入涅槃，只因慈悲心太切，翻將覺海作紅塵，菩薩為了要救度眾生，而不願解脫。他在幻境中告訴大家，幻境是虛幻的。所以是：如是滅度一切眾生，實無一眾生得滅度者。

菩薩要建構他的生命願景，所以要發心；發心的願力是空的，而實踐也是空，因為這裡沒有任何執著性，但過程都是真心誠意的，沒有一個過程是虛幻的，所以「認識空」跟講講話是二回事。

就像我們看到天上的月亮，然而我們所看到的月亮到底是真的還是假的？就世間來講是真的，但事實上他是因緣所生，它是虛幻的，有天月亮不見了，月亮就不見了，所以它不是永久的；而且月亮是否會改變呢？如果月亮不會改變，就吊在天邊不會動了；因為月亮是虛幻的，可是在因緣上仍然是存在的。

你是否看過第二個月亮？我們什麼時候會看到第二個月亮？是眼睛壞掉的時候？或是喝醉酒時候？醉茫茫或是頭昏眼

花？所以第二個月亮是什麼呢？是否也是虛幻的，但這虛幻完全不基於事實，所以有二種虛幻嗎？這是我們可以參究的。

第二種虛幻根本是假的，第一種虛幻是因緣所生，但卻是如幻的，所以菩薩的發心是很真實的，它知道一切是空，不是真實；但一般眾生說保證是真實的，但他的心裡如何想呢？

所以菩薩說一切是空的、如幻，但他的保證一定比那些講說這是真的，不是如幻的還真，所以菩薩說出來的話，就是他心裡的話，在如幻的世界裡面建構生命的願景。佛法講空花佛事，這其中有一個公案，當梁武帝見到達摩時問他說：「朕建了那麼多寺院，到底有沒有功德？」

達摩說：「沒有功德。」這時梁武帝很生氣。

這故事梁武帝是被污蔑的，因為事實上達摩沒有見到梁武帝，但問題是故事還是蠻好的，所以算是梁武帝被犧牲了；反正這就像演戲一般，演一齣對人們教化的戲。

我們思惟一下，梁武帝認為有功德，達摩說沒有功德，如果達摩認為沒有功德，那到底有沒有功德？

如果是有相布施，這布施是沒有功德的；而無相布施是空性，所以功德很大，有相無相其實是在一念之間。

所以看清楚事實的真相之後，因為菩薩建構生命的願景，生命願景包括眾生成佛與莊嚴淨土二個取向，所以正見不是堅

持的一種理念，而是在清明的心中。

時代中的生命願景

正見是建構在清明的心中，不只是建構在「諸行無常，諸法無我」上，這只是觀念，正見在清明的心中看到事實，所以清明的心不會走向涅槃，而是走向建構生命的願景，這就是願力。

所以生命的景願有二個傾向，一個傾向是生命，一個是世界，要使生命圓滿就是成佛，世界則是完全的清淨莊嚴，就成為佛土。

生命的願景就是建構在二種的基本架構裡面：「莊嚴諸佛淨土，圓滿眾生成佛」，這是對生命的永恆關懷，對世界永恆的奮鬥，所以菩薩永遠是屬於當代的，菩薩永遠在每個時代裡面，菩薩不在過去、不在現在、不在未來，他在每一個時空的因緣當中，在任何時空中、在風雨飄搖、在順境、在逆境裡面，他專注在每一個時空當下，當體為一切眾生的圓滿而奮鬥、為一切世間的圓滿而奮鬥，這是他的生命願景，這就是他的莊嚴鎧甲，讓他在一切世間中，永不退卻，而走向幫助世間圓滿、幫助眾生圓滿。

這二個取向裡面，菩薩所站立的位置，他每天跟我們一樣

食、衣、住、行、育、樂、遊，跟我們一樣生活。所以具足正見之後要發心，然後在生活中實踐，否則我們具足正見，因為正確看到景象之後，希望幫助眾生圓滿，幫助世間圓滿的願景，當然是用生活來實踐，這個是在中國佛教尤其特別提出的。因為中國佛教發願者特別多，生活實踐者特別少。

以前中國北京大學有一位梁漱冥教授，很偉大一位新儒學的學者，頭角崢嶸的學者，他本來學佛，後來他棄佛從儒，為什麼他不要佛法呢？

他講了三句話：「此時，此地，此人。」他說：「佛法包括十方三世，講十方講三世，講一切眾生眾那麼大，至高明、至精深，但是何關於，『此時，此地、此人。』。每天做的課誦，每天度亡魂，但是此時，此地，此人，你何所濟度。」他因此而放棄學佛，我能夠感同身受他的感情和理念。

不過佛法當然是相關於「此時、此地、此人」，然後再廣括十方三世，當然可以關於「此時、此地、此人」。

菩薩永遠是當代的，因為在時空飄搖的環境裡，他站立為眾生奮鬥，菩薩不是英雄，因為英雄是突顯個人的，菩薩是為一切眾生的，所以菩薩是肥料，不是英雄，這裡面的落實點就是生活。

正見與願景結合的生活

　　生活歸此時、此地、此人，所以我們要在生活中實踐正見與生命願景，我們的生活就是實踐正見跟生命願景的過程，如果沒有落實在生活裡面，我們何能修行？何以成就？何以圓滿？何以度眾生？這是我們必須仔仔細細去思惟的。許多的修行人講得很圓滿，但是一落到生活就脫節了，在生活上忽然間跟世間人沒有什麼兩樣。

　　這其中當然有很多的密意，或是很多的深切之處看不出來，但是基本上，我還是認為一個修行者的生活必須跟正見結合起來，這才是正見的生活。生活必須跟生命願景結合起來，才能成為有願景的生活，或是願力的生活。生活要用正見來指導，用願景來驅動，在生活中，讓心保持在最好的狀況，也就是清楚清明的心，加上對三法印的體解。

　　有些佛教徒主張三法印，但是卻把三法印變成一種很強烈、很熾烈的理念，很熾烈很熱烈的堅持，這樣的三法印已經變質了，三法印不是熾烈理念或熾烈堅持，而是事實的真相。

所以一個人對事實真相理念，他不必有熱情，但是他也不會因為沒有熱情而消失他的清楚度，或消失他的認知。吃飯時要很熱情嗎？吃飯很熱情可能是很危險，所以吃飯本身是事實，不會因為熱情與否而影響，除了暴食症或其他疾病的特別情形，我們不會因為熱情與否而影響我們吃不吃飯，這不會造成任何事實的改變，而且也不會因為這樣子而造成很多的混雜。

　　所以不需要強烈的為了自己辯護，為了強烈跟別人說自己能吃飯，而就把別人揍一頓或罵人一頓！

　　所以三法印既然是事實，就可以在一種很合理很安心的狀況，如果別人沒有認知或是不同意，我們也不會暴跳如雷，因為他只是不知道事實嘛，他沒有看過。

　　所以三法印或是空只是一個事實的陳述，因此要配合清明的心念再加三法印，如此來生活。

　　這其中包括三個方面就是：我們的心念、我們的空間、我們的運動性。

生命的行動過程

　　我們心念安住在一種寂靜不執著的狀態，這需要清明的心的基礎；在空間上「我」的存在是依因緣而有，它建構的是很

多因緣中的事實，所以這一切因緣的事實建構在合理性的狀況。

比如像釋迦摩尼佛，在某些方面他是很有特性的菩薩行者，因為他建構在某一個傾向裡面，最高的基點就是眾生的要求你都能完全的給予，佛陀的布施心能夠達到這種程度，所以眾生要什麼，需要骨髓、血肉都要布施給他。佛陀歷生以來就是這樣的大悲菩薩行持。

這是很特別的菩薩影像，這也是我們是很尊敬佛陀的原因；但是，在某些行動上表現他的另外一面。在佛陀的過去生中，有一生為商人，當初在一條船上面，有五百個商人，有強盜要把五百個商人殺了，要搶奪他們的船，這時候的他已經沒有任何時間因緣來阻止這場悲劇的發生。

在因緣上已經沒辦法了，所以他唯一要救這五百商人的唯一辦法，就是把強盜殺掉，我們看到釋迦摩尼佛做了這行動；是如果我們以另外的觀點來看這事情，別人家要求佛陀的骨肉、骨髓，佛陀都可以給他，那佛陀為什麼不給他殺了算了。佛陀沒有選擇這樣做，他的行動是為了救五百位商人。

這樣的菩薩行動本身所代表的意涵，第一個，當我們一般人碰到這樣的行動，我們會從自我立場來看這件事情。

同樣是菩薩，在不同時空裡的展現會不一樣，每一位菩薩

有不同的個性，文殊菩薩與觀世音菩薩處理同樣事情態度不一樣，但都是菩薩，生命願景的建構，在正見混合之下的生命行動過程，所以會有不同的展現，但是不同的行為都是菩薩的行逕。

所以慈悲不是一個樣子，是一種過程，是對人永遠無私關愛的一種過程，永遠救濟的一種過程。

如果我們像前面所舉的例子中，假設行動是把強盜殺了，那很多人的反應一定是菩薩有沒有罪呢？

這樣的反應是我們習慣性的思惟，我們希望他沒有罪業，因為他是救眾生，所以應該無罪，但是菩薩有沒有罪？當然有罪，菩薩殺人就沒罪嗎？功德與罪業是同時存在的。一位菩薩為了救眾生而去做這種事情，他的心中難道會想我殺你但我沒有罪。

他完全不會想到這些，他純粹只是為救眾生，他不會希望無罪，這才是菩薩；否則好的都歸屬菩薩，殺人也有功德，真是鬼話連篇，而是在他的心中沒有罪相可得，因為我不可得。很多人是心中偷偷希望無罪，因為他希望自己下次做這種事時可以無罪，但是事實上還是有罪呀，罪業是在的，這罪業是菩薩要承擔的，他不會想到是否有功德的事情，他是無可奈何而去做這種事情，他願意承擔這一切事，這就是菩薩行。

在同樣的因緣中，不同的菩薩做法就不相同，觀世音菩薩的做法和文殊菩薩的做法，可能是南轅北轍；就是觀世音菩薩的不同化現，所做出來也是南轅北轍，因為不同因緣的示現。例如相當有名的馬郎婦觀音，這是觀世音菩薩在中國的一個化身。有一次他故意化身為一位漂亮女子在湖邊洗澡，結果全村的人都跑去看他，這行為對於當時而言可能是妨害風化的行為，就在那時刻剛好那村子整個塌陷，就這樣菩薩救了全村子的人。

我們所要尋找的意義，是要昇華我們的心靈，而每一個人所採取的行動不見得一樣，它不是只有固定型的行動，而菩薩行動不是固定的行為，而是在清明的正見跟生命的願景之中，由正見指導在生命的願景中所驅動的生活。

所以，我們可以再思惟一下，是不是什麼事情先想到自己？如果這種習慣愈淡泊，正見則愈鞏固。

阿羅漢與菩薩都沒有這習慣，但是菩薩在修行的過程裡面，是一次一次斷掉自我的執著，對無常的感覺，會不會被時間跳動的感覺所牽制、所驅動、所控制，這種控制愈少，你的菩薩成份就愈多，如果完全祛除了，你就是心念完全很清楚的人。

但一位三法印的成就者，可能是一位羅漢，所以說《心

經》裡面講到：「色即是空」，等他見到一切色、受、想、行、識等一切都是空，就成就阿羅漢或是緣覺的境界；既然一切是空而不執著，再加上生命的願景，就是菩薩的行程。

所以「般若將入畢竟空，絕諸戲論」，智慧將入畢竟空，是絕諸戲論，對於一切的分別語言、一切戲論都斷掉了，就進入絕對空性。「菩薩將出畢竟空，嚴土熟生」，嚴土是莊嚴佛土、國家國土的建構，熟生是成熟眾生，讓眾生成佛，這是菩薩做的事情。

同樣是「色即是空，空即是色」，阿羅漢聖者的心境：一切是空、一切都沒執著的；對菩薩而言，一切是空，既然是空，這如幻世間就以如幻的因緣空境來幫助一切眾生，一切是空花佛事，如是幫助一切眾生，如是救度一切眾生而實無眾生得救度。

所以，檢測一下我們的生活跟三法印結合的程度、跟空性的結合程度；我們觀察事情是看到緣起、看到緣生的眾相還是看到執著；生命的起起滅滅，我們是以慈悲、愛心，或是情緒來面對？慈悲是超越情緒，我們看到許多的愛心是情緒多於愛心的。愛心與慈悲是不同的，許多愛心是愛心，而慈悲是俱足智慧的，慈悲跟智慧是兩輪，我們好好看清楚。

真實的智慧與慈悲

「慈」是予樂，「悲」是拔苦，而拔苦予樂是否需智慧呢？無緣大慈的「無緣」是智慧？還是慈悲？因為它是超越一切因緣，不落在一切因緣，這是智慧！

同體大悲的「同體」，是一種慈悲心嗎？惟有智慧才能了解同體──沒有一切分別心的無分別智慧。

如果有人說一位女孩很慈悲，有時候其實是說他的情緒很高昂，看到什麼都會哭啦！所以菩薩在這世間行事有時候蠻困難的，因為基本上被你關懷的人，都希望你跟他有同樣的情緒，所以他哭時希望你跟他哭，他痛時希望你跟著痛，他跳樓希望你跟他跳樓，這是慈悲心嗎？慈悲心是幫助他，怎麼變成兩個人一起跳樓，這樣如何幫助他？

所以我們心裡要很清楚的，幫助他就是單純地幫助他，當然也會有很多事情是幫不上忙，幫不上忙時我們能作什麼？

幫助不了的時候，必須超越心中的那種苦痛及無力，有時候是比我們跟他一起哭還難的；但菩薩用智慧去超越這個事情，讓自己不會跟著落入情緒裡面，所以菩薩要有心理的強度。

我在讀大學時期，有一些學心理輔導的人都會找我談這方面的相關問題，那時候，我有一些學妹因為很有愛心，就去參

加張老師培訓課程，學了很多心理諮商的技巧以後，就興高采烈準備上工去幫助人。開始的第一天就興沖沖去工作，到了下午兩個人就流著淚回來。

我問他們：「你們哭什麼？」

「受不了，受不了！」他們倆一邊哭一邊答著，原來第一通就接到亂倫的電話，兩個小女生就這樣垮了、情緒崩潰。真是出師未捷心先死，後來我花了很大的心力幫她們將心靈重建起來。

從這裡我們可以發覺到一個事情就是：從事心理輔導的人或心理醫師，基本上他們對於人生的期望值都變低的。因他們整天都讓自己的心靈暴露於負面的心理環境之下，所以他們對於人生有一種黑暗感，尤其是現代心理學的建立有很大部分受到佛洛依德的影響，雖然佛洛依德是很了不起的，但他這個學派由於專注人類心理病態的發掘研究，一旦他們挖掘理解的越多，同時也陷得越深，使得這個學派的後繼跟隨者也同樣感染很多負面的心理。

所以，對於一位從事心理輔導的人員，我提出一個「黃金三角」的理論，來提昇他們的輔導素質，第一個就是諮商技巧。

第二個是健康。從事心理輔導的人身體要很健康很多人不

了解這一點，因為身體很弱的人，他容易受心靈傳染病的感染，心靈免疫能力會降低。

第三個是每天的心靈清理能力；佛教徒最好每天打坐或念佛，基督教徒則每日作禱告。總之，就是要有一套心靈清理方法，每天把心靈垃圾打掃乾淨。

關於身體健康的維持，可以每天打太極拳等運動。這三個要點統合作到，才能變成一個很好的心理輔人員。

菩薩就是眾生的心理輔導人員，要幫助眾生成佛，當然也要學習這三點，也就是要有很好度眾技巧，就是六度（布施、持戒、忍辱、精進、禪定，般若六波蜜）四攝（布施、愛語、利行、同事）萬行等及方便波羅蜜的學習；二、菩薩也要運動，作大禮拜也是一種很好的運動，運動是一定要的；三、每天心靈都要有功課，自己排定。菩薩能作好這三點，他的生活能量一定是夠的。

中道是恰當的生活

　　生活是跟清明的正見及生命的願景結合在一起，所構成是一種中道的生活，中道是不偏不倚是謂「中」，所以中道的生活若更深刻來講，就是「戒的生活」。

　　所以「中」基本上是戒，雖然一開始我們沒有辦法作到，所謂「中」就是恰當，中道的生活就是恰當的生活。

戒是生活與中道的結合

　　什麼是戒？最深刻的戒就是生活。小乘講戒、定、慧，大乘講禪跟戒，或是禪戒一如。

　　「戒」一開始是一種生活的規範，佛陀為什麼要制戒？佛陀一開始並沒有制定戒律，因為戒就是生活的合理化，生活跟中道結合是戒！

　　所以中道的生活者並不須要戒，佛陀一開始也沒有制定戒律，後來是因為僧團的和合生活需要，也就是為了讓僧團裡大家生活在一起沒有衝突，避免產生心靈的震盪，「五戒」就出

現了，以協助我們能夠合理的生活；所以促進協助合於中道的生活，才是佛陀制戒的基本精神，也是戒的自然精神、根本精神。

五戒是很深刻的，五戒是殺、盜、淫、妄、酒五個戒，如果只是從表相上去看五戒，就太淺看了。第一條殺戒，殺是殺生，從戒條上看是殺人，不是殺動物，殺動物是三級的罪，殺蚊子或蟑螂不大好，但不是五戒裡面的。

戒條必須善巧了解守護，遵守其制戒精神，比如當媽媽的，如果小孩子肚子裡長蛔蟲，這時要不要投藥驅蟲？煮飯炒菜，菜內有微細蟲菌算殺生否？

已故陳健民上師，當他在美國弘法時，有人跑去問他能不能殺蟑螂？結果他想了很久楞在那邊不曉得如何回答，只好寫詩自嘲，因為他不曉得要殺或不殺；這就是為什麼我們要了解戒的內在性的問題。

其實殺戒是否應該歸屬其中，其基本精神不是殺，而是「不害」，它的原義就是不害。

關於飲酒戒，酒包括了迷幻藥，凡一切具迷幻性質的東西都屬於此戒。為什麼？因為如果染上這惡習，前面的其它四件事都可能會發生。

所以五戒的精神原義，是築基在人類對自我、對他人衝擊

最大、傷害最大的行為，都不應該去作，會在不知不覺中去引發的五項行為予以提醒防護，依這個精神而去擴大演伸，就成立五戒十善的生活軌範。

這裡面的自然精神，是一種對自我生命及他人生命的尊重，基本上是促進和合，以追求一個合理的生活，因為只有合理的生活，才能讓我們身心安定，而不會跟外界發生衝突，這樣才能在自然的身心安定之中產生智慧，有了智慧之後，才能回到戒的真正意涵裡面，讓生活跟中道結合，而過一個中道或開悟的生活。

開悟的生活是自然的，是一種自然安住的心念裡面，相續就是自然的定，所以人家稱佛陀為「龍一切時定」，就是隨時保持在最清明的智慧裡面，以戒、定、慧三者合在一起的生活。

舉個例子，我有一個朋友是政大企管系的系主任，他是一個很好的人，也是一個蠻好的佛教徒，他有很深刻的修行，曾經輔導過很多成功企業。有一次他問我一個問題，讓我不知道如何回答。

他因為十幾年來都是看黑白電視，有一天他就問我能不能換成彩色電視，看彩色電視是否違反佛法的戒條？那時說真的我有點迷糊了，但是現在我們來仔細研究一下，什麼是恰當？

就像現在有些人玩音樂，但是他用傳統古老的真空管播放機來播放，就現在的人來講，這是屬於高級品，所以說什麼是恰當？在因緣中的一個適當位置，就叫恰當；當十幾年後的現代，你如果還在用傳統厚型電視，其實你用的是奢侈品，而不是在過恰當的生活。

　　在佛陀的時代，用來掃地的掃把，對當時的使用者而言，應該是一個還算恰當的清潔工作，但是如果對一個原始人來講，那支掃把應該算是高科技產品。

　　再進一步探討，如果佛陀在我們這個時代，他是否要穿鞋子走路，還是赤腳？我們期望佛陀浮在半空中跟我們說法嗎？還是入境隨俗？佛陀的腳會不會受傷？如果不會受傷，那提婆達多用石頭砸佛陀腳的時候，那時應該也不會受傷。所以，佛陀今天如果赤腳踩在有玻璃碎片或釘子的大馬路上，他是會受傷的，所以佛陀穿鞋子走路，應該是一件合理而恰當的事情。

　　再進一層，佛陀如果現在要到美國，是用神通呢？還是坐飛機？

　　透過這樣層次的思惟，對於中道的生活應該比較清楚了。中道的生活就是依於緣起法所過的恰當生活，依於個人條件而言的恰當生活，我們要選擇一個恰當的生活，而這個恰當本身，它也不是一個定論，因為我們並沒有足夠的資訊來提供或

建立一個固定的定論，而且定論也會隨著時空因緣改變，我們的生活總是在變化當中，在因緣的變化當中生活。

所以，千萬不要冒出這樣的說法：「你幫我規定好不好？」我們要自己善觀因緣而作決定，決定自己圓滿的生命。所以我們要在這種因緣法裡面，依據這種戒——適當生活的觀點，來管理自己，讓自己過一個最恰當的生活。

中道的生活是什麼？是否該像佛陀六年苦行一般的生活呢？佛陀並沒有強調苦行，而且基本上的意見是：苦行無法悟道！佛陀也沒有強調放逸或奢侈，奢侈也無法悟道，在任何形式、任何緣起、任何變化當中，選擇恰當的路，使得我們在修行道中行走，不會受到外境欲望所主導，也不會因為外在物質的狀況而影響我們心性修鍊的生活，這樣的道路對我們而言，就是恰當的路。

恰當的路、適合的路就是中道的路，所以要不斷的回復到自己在因緣法中的恰當位置，在世間中的因條件，相應自己的正見與對生命的願景，安住在這樣的身心恰當的因緣當中。所以中道的生活是不偏不倚的生活，是適當的生活，是不會讓自己生命迷惘的生活。

再舉個例子，以前菲律賓總統的夫人伊美黛，她有三千多雙義大利名牌鞋，這其實是一種很困難的生活，因為她每天早

我們在自己的因緣中過恰當的生活

上起來出門時，要面對三千雙鞋，光是決定穿哪一雙好，就要花上好多時間，所以，這麼多的鞋子就不能算是中道的生活。

恰當對我們而言就是感覺到最適當，再也不會被物質所黏滯，但也不會妨礙我們的工作，這是一個中道生活的感覺。這裡的「感覺」跟世間的感覺有關係，但不只是一種世間的感覺，而是一切目的是在正見的指導、在生命的願景作為驅動力之下，讓我們能夠圓滿幫助眾生的最恰當生活。

我們的觀點來自正見的指導，一切來自生命的願景作為驅動，在這之下，我們替自己作最適當的抉擇。這個選擇是因人而異，每個人都不一樣的，沒有標準答案，連我自己都在改變，觀察自己的緣起來調整，改變自己的生活，所以我也是在學習當中，我也是在找尋一個正確的生活當中，產生很多新的經驗，也看到很多人的新的經驗，我本身也充滿了學習的熱情。

淨行的中道生活

中道的生活如果用《華嚴經》「淨行品」的淨行來闡釋，我們將會更了解，更容易體會到什麼叫作中道的生活。

淨行是什麼？淨行是一種清淨的行動，其實就是一種清淨的生活。

「清淨」是什麼？清明正確的見地及強力的生命驅動力所建構而成健康覺悟的生活。

　　健康覺悟的生命有一種強力的生命驅動力，這驅動力是來自悲心、來自菩提心。而願力的背後最強大的驅動是源於悲心，這種悲心是修行上最大的保障。

　　另外，再舉一個我自己本身的例子來輔助說明。

　　我從小體弱多病，智商也不高，學校的成績從小也不是很好，現在很多人以為我是天才兒童，其實我連「地才」都不是，「軟腳蝦」是我的名字，因為我跑不動；我絕不打架，理由是我打不過人家，所以我是善良人士，運動方面也不行，成績無足評論，總而言之，我是一個沒有才能的人。

　　我十歲時開始學打坐，國中二年級時可以控制心跳血壓，雖然這是我獨有的控制能力，但我也不知道那能作什麼，只是有長期的打坐經驗，卻無法解決我的煩惱。

　　後來對我幫助最大的是《六祖壇經》，讀過《六祖壇經》後，我的數學突飛猛進，到了大學時代，很多東西一看就懂，好像開竅一樣。

　　我雖然學佛，但在高中之前，我仍然不敢發願；雖然百般不行，但至少我是一個重承諾的人，我如果發願，我在心裡是要對自己這個願力負責的。

就是因為這樣，我不敢發四弘四願，我想：「眾生無邊誓願度」，嚇死人了！「煩惱無盡誓願斷」，怎麼有可能！「法門無量誓願學」，完了！頭腦爆掉！「佛道無上誓願成」，啊！甭想了！

所以，大家作早晚課時這一段我是不念的，我幾乎很少參加什麼宗教活動，真的碰到這段，我不念不發願，因為我覺得念了我作不到。對我而言，那是不可能作到的事情；但是後來我想通了一點：「我要以無限的生命，來完成這件事情。」因此我就發願了。

很多人看到我寫的「禪觀祕要」這本書，認為這不是一個人一輩子可以寫的書！不可能的事情！但我寫出來了。有一位台大哲學系教授，他是我的師長，看了這本書，他講了一句令我很感動的話，他說：「我如果編大藏經，我會把這本書編進去」。

大家常常懷疑：怎麼可能在一本書裡，把佛教經典所有的三昧寫出來？這是不可能的事情。但是，這本書可以說是我寫的，也可以說不是我寫的，因為那是一種願力之下的產物。

我以前在打禪的時候，指導的禪師說我的資質很普通，但為什麼我能夠產生悟境呢？他認為是我的願力。我現在做的事情是我二十歲時決定的，我二十歲決定的事情，我就不變動

了，我二十歲時的想法到現在還是有用。

我後來發現到一個很重要的事情，為什麼很多修行的法門我能夠懂，這是因為我發起悲心的緣故。發起悲心之後，就像擁有無量的資糧，很多東西從自心中流出，忽然很多事情自然明白。所以，很多人修行要求得智慧，其實修行智慧最快速的來源就是慈悲心！

在《密勒日巴大師傳》中記載著一段故事：有一位藏頓巴普提惹昨啟稟尊者說：「上師啊！您一定是大金剛持的化身，為了度眾生才化現人世，在我們這些凡夫弟子來說，不用說做不到，連想都不敢想！就是想要學，身體也受不了。所以上師您老人家一定是佛菩薩的化身。……」

尊者回答道：「我自己也不知道是誰的化身，最可能的恐怕還是三惡道的化身吧！你們以為我是金剛持，當然會得到加持，可是你們以為我是金剛持的化身，這對於我固然是淨信，然而對於法卻成了無比的大邪見！這是因為你們對於佛法的偉大利益不了解的緣故。譬如像我原來只是一個普通的凡夫，而且前半生還作了大惡業；為了相信因果業報，決心拋棄了今世的一切，一心修行，現在離開成佛的階段也可說是不太遙遠了。……」

所以，開悟沒有時間，放下而已。但是若要真正得到智

慧，大智慧的根源是來自悲心、願力。所以龍樹菩薩很清楚的告訴我們：「般若是諸佛之母，大悲是諸佛祖母。」大悲出生般若智慧，般若智慧出生諸佛。悲心是很重要的，願力尤不可忽視。

我以前常檢討自己的願力是否退墮？那時候我常看著星空，心裡想著：「我寧願舉身化為微塵，微塵再碎為微微塵，遍佈無量無邊的虛空，遍佈無數無量的星球，每一個碰觸到的眾生都能發起無上菩提心而圓滿成佛。」這是每天看到的情境而自然的發願。

我那時常講說我不敢保證，什麼叫不敢保證呢？我現在的心念是這樣，但下一念我不敢保證，但這是那時候的感覺，現在的感覺當然不一樣，所以那時我就發了一個願：「如果我成佛，我願度盡一切眾生；如果我是一個菩薩，我願幫助一切眾生成佛；如果我成為一個魔王，我要以魔王身來幫助一切眾生成佛。」所以，不敢保證我就用這樣的方式保證，這是我真實修行過程的經驗。

對眾生永遠的關愛，對眾生永遠的慈悲，對這世間永遠的幫助，這個心不斷的發出來，這是菩薩行，是佛法中最值得珍視、珍貴的、最美麗的一件事情。

《華嚴經》〈淨行品〉就是在教導我們把正見跟願力整個

揉合起來，不斷在日常生活中用正見建構圓滿的生命願景，所以，＜淨行品＞是在教導我們每天的生活。當早上我們從睡夢中醒過來，看到了陽光，我們的心要作什麼？

當願眾生，一切的心念都沒有煩惱，就像大日的光輝一樣，充滿智慧，圓滿成佛。

下了床，走到洗手枱洗臉、漱口、大小便利等，當願眾生，蠲除罪法；出門上班，搭乘捷運，當願眾生，乘大菩提乘，直入如來之地；正工作時，當願同事，智慧如海，超勝於我；工作場所，轉為壇城，老板同事，皆是如來、阿彌陀佛、觀音、普賢菩薩；來往客戶，男女老少，洽事聊天，皆發無上菩提之心，圓滿成佛。

這樣的願力，在每天的生活當中，不斷的發起，不斷的發起，到最後變成我們基本的生活觀念，基本的想法與見地，甚至我們的每一個細胞都是這樣子，都希望每一個細胞早日成佛，每天二十四小時每個發起的念頭都是如此。

如果我們心心念念都是如此，請問我們所在的地方不就是淨土？不就是極樂世界嗎？佛菩薩會不會住在我們身體上每一部分，會不會出現在我們住的地方？一定的嘛！佛菩薩沒有理由不護持我們、加持我們。由於我們本具的智慧，我們的心自然就通於諸佛菩薩的本智，自然而然，一切智慧自然湧現。

這樣含攝正見與願景的淨行生活，就是中道的生活，就是恰當、不偏不倚的生活，藉由這中道的生活就直接達到佛道的生活。所以，修行是不能遠離的生活，成佛是不能遠離生活，只有生活才是我們的道場！

人生是中道生活的圓滿過程

人間就是菩薩道場，維摩詰菩薩一再講：「世間是菩薩道場。」世間的林林總總，人來人往的一切，每一個人、我們的家人、同事、朋友、我們曾見過、沒見過、所有這些人都是我們將來成佛時淨土裡的眷屬，他們將來成佛時我們也是他們的眷屬。如果沒有因緣，我們能看到對方嗎？

「一生一會」是我常提起的，其實大部分人彼此之間，一生只有一次見面的機會，所以，每一個人在每一次彼此的見面都是值得珍惜的，一生一會很珍貴，一天見幾次面也很珍貴，常常見面那就更珍貴了。

所以，大家相處在一起都是無上的因緣，都是無上菩提的因緣，我們哪裡能夠不發心呢？我們哪裡能夠不發願呢？我們哪裡能夠不去圓滿這個願來成就無上的菩提呢？所以，人間是實踐中道人生的道場。

我們的父母，我們的子女，我們的朋友，或是我們接觸的

事物，每一個都是我們成佛的因緣；我們生活在世間，也許會有很多的抱怨，如生活環境差、經濟不好等，每一個人都有很多很多的煩惱，這些都會存在我們的身邊；但是，除此之外，在我們心裡的最深之處，我們是否存有一絲一毫對這個世界的感恩，對這塊國土的感恩，對我們父母的感恩，對周圍一切眾生的感恩！

這是「國土恩、國家恩、父母恩、眾生恩。」我們會站在這裡，就是因為這些恩德，我們會成佛，也是因為這些恩德。因此，我們要懷著感恩的心情，懷著一顆感恩的心，讓我們心靈的法水源遠流長，我們的生命也才能夠實踐更圓滿的價值。

人生是一個過程，我們都希望這個過程圓滿，而其中間坎坷不平的日子是另外的事情，但我們都希望人生最後能夠圓滿。

人生，就是一個中道生活的圓滿過程；從出生的那一刹那，到死亡的那一刹那，乃至到我們下一世，在這之間，我們可能涅槃了，不受後有，而成為阿羅漢，這是一條路；但如果我們發願成為一個菩薩，那麼我們再投胎，投胎以後再走，就這樣生生世世的走下去，一個人生、二個人生，⋯⋯不管多少人生，每一個人生都像水銀瀉地，粒粒皆圓，集合每一個小圓的人生，合在一起就成為一個大圓；就如同前面所講，我們人

生是一個中道生活的圓滿過程。

我比較重視過程，安住當下。很多人把成功，把圓滿當作一個點，把一個追求的目標當作一個點，那其實是很辛苦的，那會造成什麼樣的後果呢？我到達這一點我成功了，結果從成功的那一點之後他就失敗了，因為他沒有辦去安住成功，他把成功設成一個點。所以成功是一系列圓滿的過程，必須在每一個當下圓滿，串起來就是一個圓滿的過程，我們人生要有這樣子的認知。

對於人生的過去，我們要懷著感恩之心。我想跟大家分享我人生的一點小經驗，來說明我們人生為何要感恩過去。

這個小經驗是一些小事情，微不足道，或者是一點沒啥了不起的小抱怨，是一些個人家裡的小因緣罷了。

我是家裡的老么，我出生前的一個月，家裡就破產了，因為工廠爆炸，死了二十個人，本來在高雄光復戲院附近有二棟樓房，全部都被我父親的兄弟賣掉了，錢也拿走了，我七歲時父親就去世了，留下一大筆負債，母親一肩扛起，同時養育五個孩子，日子過的很辛苦。

我們家的房子後來又發現是被我舅舅用我們家的錢買走的，而且買的又是更大的房子；小時候直到國中都沒有零用錢，我最大的樂趣是過年時把所有的錢拿去買書。

我們的人生是中道生活的圓滿過程

小時候的生活可以分成二種截然不同的遭遇。父親在世時，我的玩具槍可以組成一個連隊，電動玩具伴隨著我長大，我的電動玩具都是我大姐玩完留給我的。

　　我父親去日本帶回一台洗衣機，光帶進來台灣的稅金就有二甲田的價金那麼多；但是，等到父親過世後，很多人生很現實的相貌就出現了。

　　有一次颱風天，母親與我在社頭的工廠裡糊紙盒，心中很害怕屋瓦被強風掀走，就在害怕的情境裡跟著母親糊紙盒。

　　我在成長過程中的情緒是很複合式的，好像是個小開，卻又什麼都不是，很特別的感覺。

　　但是，後來我一直在回顧這整個過程，它讓我在其中不斷的抉擇、不斷的抉擇，抉擇一條如何走自己的路，走自己心靈的路，隨順實相、隨順佛法的路。

　　人生有太多的抉擇，碰到許許多多不同的事情，我可以抉擇這樣或那樣，很多的事情我們常常抱怨為什麼事情是這樣子？為什麼我們要受到這樣的對待？但是，這是我們選擇，如果是這樣的選擇，其後果或受傷害最大將會是自己，這是我們自己要承擔的。

　　記得大一那一年，我騎著腳踏車環島，經過東澳的時候，因為剎車壞了，整個車子連人一起撞向山壁。從這事中，我忽

然發現到：人間沒有冤仇的事情，一切如夢幻泡影。很多因緣，如果不恰當，避開就好了，避開就沒事了，等到以後因緣好了，你再回來。

但是，不要有任何的怨，超越這些情緒，用正見、智慧、菩提心不斷的發願來填補！

所以，我是一個感覺自己資質很差的人，從小我的哥哥們從來不帶我出去玩的，為什麼你們知道嗎？就二個字「丟臉」。

我以前講話沒有尾音，因為我講話，每一個人都會罵我，但是我又很喜歡講話，所以我的方式是趕快跑到他們前面去：「哥…」，還沒聽清楚我講什麼的時候，我已經趕快跑掉，所以習慣這樣講話，久了以後我講話變成沒有尾音。大學時我花了很多時間才慢慢改正過來。

這種人生的過程中，我從其中感受到，如果把佛法、把菩提心從生命中拿開的話，我的生命會剩下什麼？

所以，以菩提成身，以菩提心為自心，以佛法來安住於自己的智慧裡，這是開啟人生光明跟幸福最重要的事情。

以上雜湊加入了很多自己成長過程中一些個人的故事和經驗，最主要是要跟大家分享自己在面對人生真實生活時，一些內在的調整過程，也就是說，每一個人在面對自己的生命跟生

活的時候，都要用自己的智慧跟正見去照明，不斷的發心，來
實踐自己最恰當的生活——中道的生活，以人間為道場，讓人
生在這裡實踐生命的圓滿過程，如此我們對這個世間會有幫
助，我們的心也會永遠的平安。

第四堂課

·禪定──安住的心境·

安住的心實現中道人生

迴觀生命的內涵

世界是各種因緣之下的綜合性產物，他不斷的向前滾動，而我們在這裡要做什麼？我們能作什麼？我們在這裡如何解脫？

世間的聰明人太多了，比我們聰明的人太多了，但是再怎麼聰明的人，如果沒有定力，那什麼事情都作不成，我們台灣話說「人嘸定性」蹦蹦跳像猴子一樣。也就是說：沒有定性。碰到因緣條件來了，心就隨著轉了，外境變來變去，他就跟著轉來轉去，他有什麼不變的事情呢？就是會跟著外境轉是他不變的事情。

思維一下自己會不會如此？我們會成為現在的自己，是誰決定的？自己決定的嗎？接下來的十年自己決定了嗎？有些因緣忽然來了，生命、意外或其他事件我們很難掌握，除此之外，假如我們可以活得長命百歲，十年後會怎麼樣？二十年後

會如何？我們可以自己決定嗎？

有一次我碰到一位學生，那時候的他看起來生活很不錯，人生看起來蠻幸福的，有兒子、女兒，工作也很穩定，夫唱婦隨，偶而吵吵小架，一切看起來都還不錯，沒有一百分也有七八十分的水準！看起來也會白首偕老，兒女以後大概也會蠻孝順的。

這是一般人看了都會感覺他是幸福的人，不過我總是感覺這裡面缺少了什麼東西，一切看起來都很好，然後生命就這樣存續下去，覺悟在他的生命裡佔了多少成？是他選擇了幸福，還是幸福選擇了他？

我並不是要大家不要追求幸福，而是要大家明白是你選擇幸福還是幸福選擇了你。大部份的人是希望幸福選擇你，但這裡頭你自己決定的成份有多少？問一下自己？當我們百歲時候會如何呢？也許這輩子過的不錯，跟佛法有緣，具足一些功德，也做了供養，並且也做一些好事善事，所以下輩子還是成為人，還是幸福的人生！然後呢？我們人生要做些什麼呢？

思惟一下：佛陀到人間作了什麼事情？他教導了什麼？每個人每天的日子都是一樣的過，但是，有想過是日子在過你？還是你在過日子？是幸福去碰上你？還是你自己決定了自己的幸福？每天有多少的事煩惱你的心，再決定自己的感覺，什麼

是好？什麼是不好？這其中我們的知覺佔有多少成份？

我還有一位學生，他從小看著鬼長大。有一次，他談到關於他發生車禍的事情，好像騎摩托車被車撞昏倒在路邊，撞他的人跑掉了，他被巡邏車發現才被送到醫院去。

他說他發覺當時的他好像在另一個世界，後來警察叫醒他，他的感覺是在另一個世界而後來被叫過來這個世界，那時他感覺到這世界是夢境，那邊才是真實的世界，所以他又馬上回去那個世界了。

他說他在醫院醒來時，他告訴護士，請護士一定要找我，他說他是我把他叫醒的，他說他醒過來是因為看到我。

我要講的重點是，這是他告訴我的，但我一點印象都沒有，我真的不知道有這些事情，若是有我已經完全忘記了。

我要說的是：你記得自己的人生做過什麼事嗎？還有你會忘記什麼事？什麼事是重要？什麼事是不重要？最重要的事情是什麼？

像我們念佛，不必去記自己念了多少次佛。而是現在念佛念的清楚嗎？念佛念的清楚的根據什麼？所有自己過去的功力累積，重要的是自己現在的心清楚嗎？現在能夠自主嗎？

碰到周遭環境的重大改變我們會如何面對？現在生病了如何自處？發燒了怎麼辦？中了六合彩又如何？外在的環境在我

們心裡投下的是什麼影響，我們會因為這樣而改變多少，或是外在因緣改變，我們的心是否還是清清楚楚的、明明白白的？

我的感受性很高，所以每天發生的事情對我來講都很重要，每件事情都馬上會在我生命裡面留下一些投影，它就像一面鏡子！

過去對我而言？過去已經過去了，所以在我心裡面，需要留下的是清楚明白。

前面的三堂課是教我們要有正見、正確的生命方向，正確的看法；正見讓我們對一切的事情，能夠完全的清明，完全的不執著，如果現在我們做不到，至少趨向這個方向。

當我們擁有清明的心後，我們必需發心圓滿。

我們知道一切是空的，一切是無常的，但是在這世間裡面，我們感恩這國土、父母、佛陀、眾生，所以我們發心要使一切眾生圓滿成佛，發心要使這世界成為清淨的佛土，我們用這樣的正見這樣的發心來生活。

我們的心跟適宜的因緣生活相應就是中道的人生，中道的人生是行所當行，中道的原則是一樣的，每一個人的中道生活是不同的，其中的條件也是奇特的。

六千萬年前一顆大隕石打到地球，它引發一連串的影響，我們對於一顆大隕石打到地球的這種印象應該很清楚，像慧星

撞地球，它引發的就是類似核子，甚至比核子戰爭還厲害的爆炸。

當時在地球上的動物，主體的動物是恐龍，隕石撞擊的結果，引起整個地球焚燒，什麼東西都燒光了，植物也燒光，植物燒光什麼動物會先死？

如果現在發生火災，東西都燒掉了，大家找不到東西吃，我們找不到東西吃，螞蟻還可以找到東西吃，所以牠會活下來，人類活不下去！

恐龍之中，像雷龍一天的食量很驚人，牠一天要吃整批的樹林，如果樹林全部燒掉的話，什麼東西先死，是不是恐龍先死呢？葉食性的恐龍死了，肉食性恐龍本來還可以吃其它動物，其它動物也死了，所以所有恐龍就死了，為什麼？牠們太龐大了啦！

早期地球上沒有氧氣，苔蘚植物是厭氧的，它是所有生命中不是透過燃燒來生存的，所以後來當氧出現在地球上時，對它而言是最可怕的毒氣！氧幾乎把地球上所有生物都毒光了，少數留存下來的就是現在一些苔蘚植物。

生物要適應這環境，所以，後來生物發展出以氧來燃燒、生存，所以因緣是不斷的變化，因緣難知，因緣的原則可以習慣，但因緣的現象是不斷變化的。

保有清明的心才有恰當的抉擇

最近我看到報紙的一篇報導，說有些泥碳冰河現在溶解了，泥碳就變成泥碳沼澤，從冰變沼澤會把大量甲烷放射出來，它對地球的暖化作用會比人類任何燃燒所放出來的還多，所以這對我們來講並不是什麼好消息。為什麼？因為我觀察最近幾十年到一兩百年當中，可能地球環境變化會很急遽，當我們面對這些情況時，我們怎麼辦？

佛法教導我們：如是，如實，佛法不是樂觀，也不是悲觀，是如實觀。很多事情現在還沒有發生，有些人可以去預防，如果他的專業是這方面的；但對我們來講不管要預防或不要預防，不管我們有沒有認知到什麼樣的問題，很核心的議題是──世間因緣如是。

什麼是中道人生呢？我們看以下有趣的例子。

印度有一位部長準備提出一個法案，這法案很有趣：「如果你家裡面沒有衛浴設備，不准參選公職。」有些人認為這是違反人權。

我看這篇報導時，覺得這很好笑，怎麼會有這種政見，但是後來看下去才發覺裡面大有文章。在印度如果自己家裡都不準備衛浴設備，而是到外面大小便，然後讓別人在路上踩到，這表示沒有具足公德心，恐怕沒有資格參選公職。看到這個結

論，我們是否接受是一回事，但是我在此要提出的是他這句話的背後因緣。

印度文化中，大部份的家庭都沒有廁所，基本上這是文化跟信仰糾纏在一起所發展出來的。那麼印度人在家，他們去哪裡上大小號呢？他們認為家裡面不該有這東西，就到外面去！其實，如果印度人口沒有那麼多，如果印度人現在只有一千萬人這會是問題嗎？應不會是問題。

在印度，隨便一個城市，中小城市一下班的時候，整條路上都是人，一百萬人的城市在印度不算大城市，像新德里是上千萬人的大都市，印度現在有十幾億的人口，人口的確是大問題。

所以很多的事情是因緣問題，因緣問題讓我們每天都要作抉擇，每天都在抉擇自己該作什麼事情，我們如何看透、了悟因緣而作適當的抉擇就很重要。

所以，我們要有正見、清明的心念，我們發心圓滿安住在中道的人生。但是什麼東西可以保護我們的正見，讓我們的發心圓滿不會消失，讓我們的中道人生能夠實現？答案是：禪定——安住的心。

培養安住的心境

什麼是安住的心

禪定以現代話來講，就是安住的心，禪是印度梵文翻譯成漢文的。禪又稱為靜慮，「靜」是止妄心，「慮」是觀、正思惟、正觀，所以禪是心能靜而後能明；修成就則產生定、產生慧。

「定」不是只有情境而已，還有力量，而慧沒有情境但有力量，所以定能產生定力，也就是安住的心境的力量，這力量就能保護我們的心，而智慧能產生智慧的力量，智慧的力量能解決我們的煩惱；所以用定力戒護心，用慧力解決煩惱。

安住的心境很重要，用安住的心境來保護自己；當人家罵你，你一生氣就沒有定力，沒有定力，你的回應就亂七八糟，你的回應就是各種本能的展現，你的回應就是把你腦子裡面所能罵的話都罵出來，最惡毒的話全部排列組合完畢，完全是魔界城市產生，把你心裡的話直接排列組合成最可怕的攻擊形

式，這是自然本能，我們都是如此反應的。

很多人以為定力是「忍」，忍字是心上一把刀，忍是定力嗎？是忍痛，所以，這個解釋不是佛法的忍，不是忍波羅蜜的「忍」，也不是無生法忍的「忍」。

「忍」是「安住不動」的一種力量，這跟「定」是有關係的，但無生法忍基本上則是定慧等持，所以定並不是忍。在初期修鍊時可能需要一點意志力，但定力並不是意志力，定力到最後是完全的專注，完全放鬆，這兩個合在一起的力量，這種身心的合諧，就是「等持」，就像水銀洩地，粒粒成圓。

我們需要「定」，但是定不是要有堅強意志力，很多人很有意志力，有很堅強的意志力，然而很多人的憤怒也很有意志力，他可以持續不斷的憤怒下去，這憤怒是定力嗎？所以，基本上定力如果是正向的，會跟「戒」有所相關，因為在訓練定力之前，要有前題條件，所以戒就變成定力的前行，就是學習定力前的預備手段。

戒談的是一種生活或是生活條件或生活境界，或是情境。為什麼這樣講？很多人都把戒當作戒條，就是好像把法律當作法條，這法條本身有法和法律根本的精神，但按照法條來談就走樣了，如果按照根本的精神來談，有時任何文字是無法確定的解釋的。

安住的心境可以守護我們的心

就像講「我」好了，「我」有沒有包括我的頭髮，若包括頭髮，那我將頭髮理光還算不算我呢？或者我的頭髮忽然間掉光變成禿頭，有包括眼鏡嗎？當然不包括眼鏡對不對，可是我眼鏡拿掉的話，我在路上可能發生車禍，會危害我的生存，那這是另外條件，所以基本上任何語言本身，都有很多的模糊空間，變成要意會理解。所以我們對文字的理解，有時是需要意會的。

　　「戒」談的是一種生活情境，一種生活條件，希望大家尤其是一個真正要修行更高境界的佛教徒，千萬不要把戒當做戒條來看，像五戒是不殺生戒、不偷盜罪、不邪淫戒、不妄語戒、不飲酒戒。其精神是具有「不害」的性質、具有保護生命、具有生命增長的性質，具有一種相互合諧的性質，所有這裡面它蘊含的意義，是從修證的精神來的。

　　所以，戒基本上是不要做一些讓自己心裡產生衝突的事情，不要與自己為敵，什麼是與自己為敵呢？讓自己迷惘，讓自己混淆，讓自己處於過份的境界；什麼又是過份的境界？讓自己過於痛苦，或是過於逸樂都是過份的境界。

　　雖然佛陀是很讚嘆十二頭陀行，十二頭陀行是十二種修冶身心、去除煩惱塵垢的清淨行。但問題是佛陀是否真的如此主張，「苦行」並不是佛法的主流，佛法是講求「中道」，過於

苦或過於樂，會造成我們生命中的心境沒辦法安止於恰當的情況。

　　所以適當的生活，抉擇一種適當、對因緣上來講最好、最恰當的，不要跟自己為敵，不要引誘自己，也不要過度的把自己安置在苦境，不要跟團體中間的其他人產生衝突，因為這樣會影響我們的安定，不要跟外界的其他團體、或是外界的世間產生強烈的敵對，但是這裡面也不是說沒有適當的軌則，不是一昧的鄉愿，因為這樣可能會造成更大的危害。

　　所以必須有適當的軌則，但是基本上在合理的範圍裡，是以合的精神為中心，就是要必需做一種抗爭，這種抗爭本身不是為了傷害而是合，本身必需有和諧的因緣基礎。

　　所以，我歡喜的跟大家介紹，不妨把正見當作大家的紀律！除了殺盜淫妄酒之外，什麼正見是我們的紀律呢？戒律基本上就是我的生活上合理的範圍合理的抉擇，所以說真正最好的戒律是什麼？因為五戒是外在的，而正見才是個基本而且原始的戒律，每個佛子都要依循的戒。

　　發心是每個菩薩一定要依循的戒，生活上的實踐，則是把正見、發心、中道當作中道人生的戒律，這戒律是我們發心而安住在其中，自然的生活在其中，而不是很細微的限制條件，不是限制你能待在這裡、不能去那裡等等，而是讓我們自然安

住，能夠生根、發芽。

戒就像泥土，使定、慧的樹能夠茁長茂盛，所以戒就是那一塊讓我們修行種植定慧樹的泥土，能從我們的心地中長出來。

戒是跟我們的心地結合在一起的，所以心住於戒中。戒、定、慧是用戒調適我們的生活，來增長我們的定；產生定力之後，由定產生慧；產生慧之後，得以解脫；解脫之後回到戒裡面，我們的生活就是定慧的生活，就是解脫的生活。

在戒、定、慧圓滿的生活裡，我們要發心。小乘的戒以規範行為為主，是行為戒；大乘戒是動機戒，發心戒，所以大乘是以發心為中心。

我們是否時刻刻心念眾生，菩薩禪依此而發起，所以菩薩禪的修定動機是為了眾生，但這個為了眾生的動機，是必須以佛法基本的無常觀——三法印為中心，亦即觀一切眾生如幻而修習定禪，這是菩薩禪的基本見地。菩薩禪是在這樣的認知中修行——發心為一切眾生的緣故，而修習一切禪法，了悟一切諸禪皆不可得故，而安住一切禪定。

不管如何，禪就是守護我們的心，讓我們的心不受任何情境的干擾與掌握，是讓我們的心能自在自由的作一種抉擇的根本力量。禪是日常生活中的一部分，它不是特別的宗派，而是

在佛陀當時，每個人都應修學的自然的生活中道。因為只有在正確的禪觀之下，人才會得到解脫，聰明智慧只是了解這個事情，但是沒有禪觀的守護，還是沒有辦法得到圓滿的解脫。

習禪就是讓心定下來

每天我們都要習禪，但習禪不只是「每天是否有打坐？」來判定自己是否有習禪，而是「每天有沒有讓心定下來」就是習禪。

有時間打坐就儘量打坐，沒有時間的時候，我們可以作這種訓練：坐車的時候，觀察自己的心有沒有定下來，走路、工作時觀察我們的心在哪裡呢？

2005年我去美國哈佛大學演講，校園中有一個世界上獨一無二的玻璃花博物館，博物館並不大，館藏有四千多個玻璃花的植物模型，玻璃花是用玻璃做的花。是由哈佛植物博物館創辦人George Lincoln Goodale教授，為了有一些植物模型以供教學使用，所以敦請德國玻璃藝術家Leo pold and Rudolf Blaschka父子為其製作，大概在一八九○年開始陸續製作，最了不起的是，在那個時代所作出來的東西，其大小竟然和原物一模一樣，也就是說如果作一棵仙人球的話，上面的每一根茸毛都呈現出來，而且一樣細，每一朵花裡面的花蕊和花粉也都

如原物重現般作出來，植物像絲瓜的籐絲，有幾根就作幾根。

基本上，這些作品可說是空前絕後，因為以後不可能再作了，為什麼？因為要作出這種東西，溫度的保持是一件很困難的事情，任何溫度的改變，都可能造成不可預測的破損，所以後來有些人想去修補一些破損，雖然用了最好的技術，但修補的痕跡完全看的很清楚，絲毫也騙不了人；這些奇麗的玻璃花在當時被稱為「科學界的藝術奇跡和藝術界的科學奇跡」。

我在哈佛演講的時候，特別將之稱為「玻璃花三昧」，因為那是不可能作出來的，但要如何作出這樣的作品？所以這是一種三昧，必須忘掉自己看著實際的花模擬、然後融入，變成自己就是那個花，花就是你自己來製作玻璃花。

這個能夠作玻璃花的三昧，是否也是一種定力呢？打坐是一種基本的定力訓練，希望大家從現在開始，除了打坐之外，每天都要作很多的定力訓練，讓我們的心念能專注一處。

比如說，現在手上拿一支筆，在空中畫一條線，眼睛看著它不要跑掉；或者眼睛看著青山，但不是發呆，讓這境界在你心裡很清楚的浮現，完全清楚的浮現，而不是跟著景像去了，心不要被抓走了，只是讓心學習像鏡子一樣，外境來了，很清楚的照見、浮現，但不為境界所動，要反應也可以反應，這是定力的訓練，要讓我們的心像鏡子一樣，正確的面對外境，從

世間的境界開始，學習正確的面對。

當我們能夠正確的面對世間的境界，我們是要從這裡學習面對出世間的境界。當有一天，極樂世間浮現在我們的眼前，如何浮現？就是這樣自然浮現！當極樂世界浮現在眼前時，最怕是自己把它嚇走了！「嚇我一大跳，這是啥東西？」其實不是它被你嚇走了，而是你被它嚇走了；當極樂世界現起時，你會作什麼動作呢？如果你想緊緊抓住它！這樣的心會把它推走！

極樂世界是怎麼來的？在《觀無量壽經》中記載：「諸佛如來是法界身，入於一切眾生心想中，是故汝等心想佛時，是心即具三十二相八十種隨形好，是心作佛，是心是佛。」也可以說是心即具極樂世界，是心是佛是心作佛，是心成就是極樂世界。但是不可執著，一執著就消失了。

同樣的道理，當我們碰到親人要往生的時候，我們要幫助他們往生極樂世界，所以平常就要練習，以免要用時功夫不足。如何觀想極樂世界？最簡單的方法就是觀想自己的親人身處在極樂世界，坐在蓮花上面，蓮花花瓣就是恰恰好好的、恰恰當當的、明明亮亮的、青黃赤白的就呈現在眼前，自己的親人就恰如其緣的因緣大小坐在上面，一切恰如現場。

也就是說像我們現在所處的地方一樣清楚明白，而我們所

在之處就是極樂世界，就是清楚明白了，恰如現場！永嘉玄覺禪師的奢摩他頌中：「恰恰用心時，恰恰無心用，無心恰恰用，常用恰恰無。」就是這樣的境界，極樂世界就像海中看到太陽的道理一樣，清楚明白，也像月亮印在河中，清楚明白。練習讓自己的心就像明鏡一樣，明照一切而沒有執著。

當我們了知這樣的方法，現在，我們就可以做一件好事，為自己過去所有的親人、知道的、不知道的親人朋友，全部都觀想他們坐在極樂世界蓮花上，全都坐滿了，自自然然的就坐在極樂世界，聽聞阿彌陀佛說法。這樣的觀想方法，對他們及自己都是大好事一椿。

所以自然定力的訓練，在行、住、坐、臥中自然的定力訓練，訓練到最後，面對任何的情境，任何的境界，你們都可以自自然然的安住。

以禪來到達解脫的彼岸

「禪波羅蜜」是用禪來讓我到彼岸的意思，波羅蜜又叫波羅蜜多。禪守護著我們的心，心主導著禪，讓我們度到生命的彼岸，「波羅蜜」意為彼岸、度彼岸。

有彼岸就有此岸，什麼是中流？就是宛若在水中央！人生不就是在渡河嗎？只是不要渡到最後還是從此岸渡到此岸就是

了，也就是不要遇到黑心船的船伕載你兜了半圈又轉回原地，而那個黑心船伕是誰？原來就是我們自己！所以是度到岸彼，不是繞彼岸。

所以禪波羅蜜就是用禪在我們現實的人生裡面，幫助我們到達解脫的彼岸，用禪在現實的人生裡面，幫助所有的人到達彼岸。

所以我們現在就作了一件事情，幫助我們的祖先邁向彼岸，可能有些人作的很成功，有些人作的沒那麼圓滿，但是對我們的祖先一定有好處的，現在作了一個禪波羅蜜的事情，就是觀想祖先們到極樂世界去，會不會圓滿不知道，但一定是有利益的。

我們每一個人每一天都在訓練我們的禪定力，我們都在度我們的生活，禪是像一條竹筏，或是一條船，我們就用這條船來渡河，每天就依止禪，來渡過生死之河。

定力的增長守護智慧

增長智慧的行徑

禪定基本上有二個特質，第一個，是讓我們能夠趨入智慧的門徑，增長智慧的門徑；第二個是守護我們的智慧。

佛法的智慧不是一種觀念或是看法，它是真心的體悟。真心的體悟就像我們看東西用的眼鏡。

我們不能隨便拿一塊未經研磨裁切的玻璃片放在眼鏡上，就拿它來看東西，必須經過研磨裁切、對焦調距之後才能拿來看清楚東西。

定力就像是我們心靈的鏡片，用來幫助我們的心眼看清楚真相，如果我們的心是粗莽不堪，混亂不堪，就算是我們偶然知道某些事情，但那並沒有用處；就如同我們可以看到水面的浮漚，卻因水混濁不堪，而不能透視水的底蘊。如果水的濁度達到六到八萬度，這樣的水質一定先要把濁度降低才能透視及飲用的。

安住的心境可以增長我們的智慧

所以凡夫的心，就如同這混著泥巴的水，我們先要讓它濁度降低，才有智慧的法水可以飲用，心靈的泥水濁度降低，才能開悟。

　　如何使心水的濁度降低呢？就是要透過四禪（初、二、三、四禪）四定（空無邊處定、識無邊處定、無所有處定、非想非非想處定）的修習，四禪四定或稱四禪八定。由於在非想非非想處定的定境時心過細，所以無法開悟，想要開悟必須在四禪或是前面三定之中才有機會，所以四禪加三定就稱七依處，在七依處有開悟的機會。

　　以淨水來比喻，七依處的淨水已達飲用標準，但非想非非想處定所濾出來淨水，連礦物質等養分都濾掉了，喝起來對身體不好，所以不要喝；除了七依處修定可以開悟之外，還有一種定處可以開悟的，就是由入定所修處繼續往前修而進入滅受想定，在這個定境裡，沒有苦樂的感覺作用，也沒有概念化、抽象化的心理作用，心識俱滅。若由此滅受想定處得到開悟，就是定慧二種障礙都除滅的解脫阿羅漢，就是慧解脫；但是還沒有完全解脫，因為有更高的定還沒有辦法得到。

　　這些代表的意義是在初禪、二、三、四禪中可以開悟，因為佛法的智慧並不是普通的聰明，佛法中的智慧是屬於解脫的智慧；解脫生死的智慧是解脫生死的智慧，不是不在生死裡

面，而是止息生死輪迴，不再受生死，沒有一個東西可以受生死，因為他沒有無明。

除了這七依處，在「未到地定」也可以開悟，因為它未到地定不屬於正式的禪定，所以不列入七依處，它是初禪之前，稱為未到地定，此處也稱為「電光三昧」，因為他好像電光一樣迅速閃過，就像我們在黑暗中忽然閃過電光，看到東西了。

所以還沒有修到未到地定之前的開悟是不可能的，也就是說還沒有真正達到悟境；而且，開悟之後，如果沒有定力的話，還是會受情境所影響，就算阿羅漢的話，也會退現法樂住，退現法樂住是指退世間靜慮等禪定，這個問題部派學說不同，有些說有退法的阿羅漢，但是我認為退現法樂住，不是退法。「未到地定」是要達開悟的基本定境，基本定境裡面才能開悟。

所以定力是進入智慧的門徑，沒有定力就沒有辦法得到智慧，就像原水太混濁了就要先送入淨水場，否則就沒辦法成為飲用水。

因此，我們一定要修定。有兩種方式可以修定，一、每天有空就打坐，早上醒來或晚上睡覺之前，半小時或一個小時皆可，打坐的方法，可以數息或念佛，用自己平常練習的方法，總是每天找個時間讓自己的心練習專注，為什麼要這樣作，因

為在這樣的專注練習裡面，可以讓我們的定力很具體的上昇。

讓我們的心專注，可以專注在數息，可以專注在中脈的呼吸，可以專注在念佛，可以專注在虛空中的一個字，或是專注的看著青山，但不是呆呆的看，而是心要清楚，但心不要隨著跑，這是自然禪定的訓練。

這樣的練習有二種意義，長期的練習可以讓我們的心隨時馴服，幫助我們在修定力時障礙的減少，你會發覺到定力很容易就提昇了；第二種是禪定練習之後的力量，應用在日常生活裡，自然的禪觀力量越來越銳利，力量越來越大，就能夠訓練我們的智慧，讓我們得到智慧的機會更大，這是屬於修定方面的。

除此之外，在日常生活裡這樣的訓練，能夠讓我們把從禪觀中所得到的力量，運用在現實人生裡面，對於人的觀察，對於自己心念的觀察，對於所有情境的觀察，對於自己一切言談舉止的觀察，都會越來越清楚。

這樣的觀照作用有什麼好處？清楚地觀照自己的起心動念，可以改善我們的人生，讓我們自己作主，決定自己的幸福，決定自己要怎麼走？決定我們要走向哪裡？不是等著幸福掉到我們身上，而是直接走向幸福，讓幸福掉在我們的身上！

禪定能守護我們的心

禪定是幫助我們的人生走向機會，得到很多人生的機會。沒有人規定修行人就應該過苦日子的，一個修行人是要過中道的生活。所以修行人可以作很多事情，他可以把事情作的很成功，只是不必去執著。這其中禪定是一個很重要的力量，因為我們不易受外境所迷惑而混亂，我們的判斷力會比別人精準。修持禪定，在我們得到智慧之後，這個定力會讓我們的智慧不易跑掉，面對任何的衝擊，我們都能夠穩住自己的心。

定力是要隨時隨地的自我的訓練，但是不要給自己壓力，最重要是記住：真正的定力訓練，是一種專注而放鬆的訓練！要放鬆而專注，專注而放鬆，自自然然，自然的禪定的增長。

我們修定，必須了解禪定的次序。「六妙門」是修學禪定的一種很獨到的指導，它讓我們從不斷的實踐反省中獲得進步，六妙門是：一、數，二、隨，三、止，四、觀，五、還，六、淨，這是一種數息禪觀的方便。

禪定是禪而後定，因此禪定是會產生力量的，因為禪定是一種境界，這樣的境界跟心合在一起而產生力量。

所以心有定力，因為心能夠運用定力，所以禪定是有力的。

我們修學任何禪法，不是修學一種技巧而已，而是從心而

來，依心而出，隨心而入。

修習六妙門，從數息開始，就是練習呼吸的方法，慢慢練習到最後，感覺數息的念頭粗了，就放棄數息進入隨習，隨習是攝心在息上，知道息的出入長短，心住於息，意念沒有分散。

隨息的練習純熟到某程度，心就定下來，心定是指心沒有妄想，心沒有妄想就定了，遠離顛倒夢想；但是真正澈底的「止妄」就解脫了，所以這裡所講的止妄是讓妄念平息。

在止妄之後還要生起「觀慧」，所以觀是止妄心而生定，觀照心而生慧。

所以觀從何來？觀是由定而來，心不定則難以起觀，所以觀由定來；起觀之後，由觀照境，境生境界，這時心被境轉，心又被轉動了，所以這時候心要返還回止，由止再生觀，由止觀來成證定慧，到最後定慧圓熟。

接著，又有一個很有趣的過程產生，即是「還」，因為前面的觀照是照「境」，境界觀照的很透澈，很清楚明了，此時我們的心已經磨練的很犀利，這時候就要「還」，把這個照反過頭來觀照自心，否則的話，因為觀力很強，但自心變成妄立的自我，就沒有辦法產生空，沒有辦法照見自性本空，自心為空，就沒有智慧產生；所以要返照自心，還觀自心，直至自心

觀破，回見本然，了知自心本性，了知一切本空，知道自己本心與外境都是平等一如，本自不生，本自不有，這時候才有「淨」，到達淨的境界就開悟了！

禪是清淨空明的心

開悟是什麼？開悟就是清淨，一切皆空，名為清淨。所以當初六祖慧能為什麼會得到五祖弘忍的激賞，從神秀的偈語：「身是菩提樹，心如明鏡台，時時勤拂拭，莫使有塵埃。」及六祖的偈語：「菩提本無樹，明鏡亦非台，本來無一物，何處惹塵埃。」神秀的詩偈，自心未破，存有我見，仍然有物存在，畏懼其客塵，所以有時時拂拭的舉動，不名為清淨。六祖偈則不然，「本然無一物，何處染塵埃。」是名真清淨，所以佛法的真清淨就是空，了悟一切無常、無我、現空，就是清淨。

我把神秀和六祖的偈合寫在一起，成為：「身是菩提樹，心如明鏡台，本來無一物，何處惹塵埃。」這樣改寫過的偈，神秀禪師看了或許會流下一滴感動的眼淚，而六祖慧能大師則會感覺「啞巴吃黃蓮，有苦說不出」。

所以，禪的本心是清淨、是空，本心清淨但是依自心如實的明了明白。人不能被聰明所誤，聰明是一種技巧，但是要匯

入於自心，把聰明用來止息自己的妄心，把此心清淨了，讓自己的心清楚明白了。

以正見為導，發心圓滿，中道人生，禪定護心，無妨就作為大家修禪的戒律根本吧！戒的精神應該得到更深的發揚，我們都在禪定度脫人生的大海，希望大家具足禪定的本心，圓滿甚深三昧。

你們知道正見、發心、中道人生、禪定之後，接下來，可能需要一點福報了。人的福報一向太薄了，很多人會說：「沒有呀！我吃得好，穿得好。」如果認為這就是福報的話，那這種福報也未免太過廉價了，真正的福報是：「正法在前，現前受食；正智在前，現前受用。」

第五堂課

·福報——廣大的資源與福份·

生命最圓滿的福報

延續前面四課程，第一個正見是完全清明的心，然後是發心——發起生命願景，第三是生活，以中道實踐人生，最後禪定——安住的心境。方向確立了，已經發起生命的願景，實踐了中道的生活，保護我們心性的東西也具備了，除此之外，我們要走的人生這條路，還需要具備什麼？

你具足福報嗎？

問問自己，自己的福報好不好？假若你的答案是好，是什麼樣的理由讓你回答好？是可以聽聞佛法？還是其他？世間中最好、最大的福報就是聽聞佛法。為什麼那麼多佛經？佛陀為什麼在不同的場合宣說不同的教法？有時候講的比較多，有時較少？因為他面對不同的群眾，不同的需求因緣，所以有不同的展現方式。

佛法是一貫的，但是依不同的因緣，有些講的比較細，有些講的比較粗。而不管如何，聽聞佛法都是最大的福報，因為

只有究竟的解脫，才是生命最圓滿的福報。

　　生為一個佛子，我們擁有世間最大的福報，但是為什麼又說大家福報不夠呢？因為大家聽佛法，聽的時候似乎懂了，但是有聽聞卻沒有入於心；也就是碰到事情的時候，佛法已經被丟至腦後，無法以佛法來處理事情，所以好像又不懂了。

　　如果我們真的把佛法聽進去了，我們的生命現在應該已經結束，為什麼說生命已經結束了，換句話就是我們可以好好活著了。

　　我對生命結束的看法，可能跟一般的想法不太一樣，我說生命結束的意思，常常就是開始活著的意思，可以開始自由的活著！不用擔心生命結束的問題，因為那只是輪迴生命的結束。

勤求福報的佛陀

　　你知道這個世間中，誰對福報的追求最精進？你認為誰最勤求福報？是修行人嗎？修行人有很多種，但我現在要引用的這段話是出自那個人自己的口中所宣說，他說他是追求福報最用心的人。

　　誰講這句話？這是佛陀自己講的話，乍聽之下，有沒有感覺摸不著頭腦？是否想用心把腦袋瓜稍為打開一下？

我們一般人想佛陀是福德圓滿的人，他怎麼還會想追求福報呢？他為什麼講這些話？

　　在佛經裡，有個很有名的瞎子就是阿那律尊者，佛陀弟子中天眼第一，他不是天生的瞎子，他的眼睛瞎掉的因緣是：因為阿那律尊者常常在聽經的時候睡覺，有一次他被佛陀講了幾句，感覺很慚愧，之後就睜著眼睛不肯睡覺，因為精進修行，所以眼睛就瞎了。

　　阿那律尊者因為他的肉眼功能壞掉了，所以他沒有辦法穿針縫衣，但他卻開發出天眼功能，什麼是天眼？天眼是能看到超出肉眼所能對的色境，可以看到天人飛來飛去，也可以看到遊蕩的鬼。

　　說到鬼我們順便談談鬼。為什麼在中國七月份特別多鬼？這是因為世間風俗，這個月份四處作醮的很多，亦即民俗七月常有大拜拜酬祭鬼神之舉，如台南鹽水蜂砲每年皆招引無數人潮，鬼類眾生也因為七月人間大拜拜時，群擁覓食，所以七月我們說開鬼門關。

　　其實，鬼沒有犯罪，不能關他們，所謂開鬼門關，是自說自開，招人拜祀而已。鬼道自有律法，但沒有開不開鬼門的問題，不開也是開，餓鬼者，遊鬼也，四處覓食的少財鬼，至於為什麼稱餓鬼名「少財鬼」，因為他們的喉嚨尖細，肚子大大

的，飲水則水轉成血，吃不到東西，長期營養不良，想要讓他們就食，必須以甘露法水洗其喉道，否則任何東西一入其口都化成炭。

在佛教裡沒有民俗的中元節只有盂蘭盆節，而盂蘭盆節的由來是因為目連救母。目連尊者的母親因為墮入餓鬼道，無法進食，所以目連在七月十五日佛歡喜日，供養僧眾，而得以救濟其母。至於為什麼七月十五日又叫「佛歡喜日」，這是有歷史典故因緣的。

印度一年大概有三個季，其中雨季不適合旅行，常有暴雨發生，而且蛇蟲很多，出家眾若在此季外出托缽旅行十分危險，所以常常在這段時間長住精舍，聽佛陀說法打坐修行，稱為「結夏安居」，後來演變成後世僧眾每年固定的修行時段，而佛陀大部分的經典都是在僧眾結夏安居時所講的。

等到結夏安居結束的時間，也就是在每年的七月十五日左右，這時候僧眾聽法修行的集會告一段落的時刻，修行成就者特別多，修成阿羅漢果者特別多，故稱七月十五日為「佛歡喜日」，佛陀就是在這一天指導目連：「你初證果位，一人功德有限，今日成就者多，功德浩蕩廣大，以彼功德，助脫汝母。」所以這就是佛教「盂蘭盆節」的由來。

至於鬼門開或不開，其實是一樣的，只是平時鬼眾散居在

各地，到七月時，因為各地都有請客拜拜，所以聚擁而至。

而鬼道眾生和地獄道眾生又是不同，地獄道眾生是重刑犯，阿鼻地獄眾生更屬於無期徒刑，時間無間，空間無間，受苦亦無間，所以名為無間地獄。

其實無間道有二個地方，一個是在最下層的無間地獄，一個是最上層的，要成佛的時候也叫「無間道」。

阿那律尊者證得了天眼，天眼是五眼之一，五眼是：肉眼、天眼、慧眼、法眼、佛眼。五眼之間，各有什麼差別和意義？

見法就稱為法眼。你看的到法嗎？你聽的到法嗎？世間人來人往，你看到什麼？看到無常就是法，就是有法眼了，見法就是法眼。看過到葉子落下嗎？能跟大家說明葉子落下來的道理，了知無常之法，就具有法眼。

再舉一個例子，如果有人手上拿一支筆，你看到筆掉下去了，但是你知道為什麼會掉下去的原因嗎？是因為他放下筆！或為什麼不會掉下去？是因為他抓著筆。

同樣的道理，我們的煩惱為什麼放不掉呢？是因為有一個人一直抓著煩惱，這個人不是別人就是自己——「我」。但是如果我不存在，如何抓著煩惱？

如果我不存在了，煩惱當然是不存在；煩惱不存在，就沒

有執著了；我們的心掉了，就不再執著了，就是解脫了。所以，解脫就是得到慧眼。體悟解脫的道理，而且能夠教導別人，就是具有法眼。

所以能夠解脫不一定具有法眼，只是不再執著了；但不執著不一定能把解脫的道理講的清楚，所以解脫還要具有解脫知見。因此菩薩跟羅漢的差別就是在這個地方，菩薩見法而能說法，能把世間人來人往、繽紛萬象背後的法界實相之理，娓娓道出。所以，對於一位具足解脫知見的行者，法在何處？法不在別處，法就在一切現場。

因此，對於具足解脫知見的人而言，佛經是一種講法的工具，講說的不過是現前的事情。所以，對一位菩薩而言，他須要宣講佛經嗎？什麼叫佛經？「現場」就是佛經，三藏十二部經就在眼前。

如果這理論正確，你可能會懷疑為什麼說法還是要依據佛經？因為經典是佛陀講的，我們尊敬佛陀，所以依據佛經來講經，講經不過是講現實的生活；倒是聽法的人，聽經聽錯了方向，聽成考古學去了。

經典永遠講的是現場：此時、此地、此人、此因緣。佛經不是考古學，如果「依經解字，三世佛冤」，抓著經典不肯放，這是對佛陀的侮辱，而「離經一字，即同魔說」，則是說

背棄了經義的原理，那當然是胡說八道了。

所以經典講的不是考古、考證二千五百年前印度人現實的生活與煩惱，而是面對當前自己的生活，佛經永遠在跟我們講現場的道理，佛陀永遠跟在我們旁邊，這句話翻成英文是：Buddha with you? 我想是：「Budda in you!」比較適合，智慧就在我們身上，經典就在我們身上，這是「生活就是經典，經典就是生活」。

經過前面一段的解說，法與法眼的意義，各位應已通達，所以「眼」的意涵，本身即有「智慧」的意思。

接下來「佛眼」，佛眼是佛陀的智慧，所以「佛眼」後來有佛母之稱，因為智慧出生諸佛。而且將之形像化，所以在佛教的造像裡有：佛眼佛母、般若佛母、佛頂尊勝佛母等表彰智慧的形像，這些佛母本來都是中性身，尤其是在東密裡，但是到了藏密，因為特別強調女性，所以就變成女性尊，所以在密續裡，屬於以智慧為本續的經典，就稱作「母續」。

前面講到阿那律尊者因為肉眼受損，所以雖然他具有天眼通可以看到天人餓鬼的身形，但卻無法引線穿針，所以有一天他要縫衣服時，他就開口了：「有沒有那位好心的師兄啊，可以幫忙一下穿線過針？」

結果，就有一位好心的人靠過來了，他一察覺發現：

「唉！這不是佛陀嗎？」所以，佛陀的示現，就是親自現身說法的教導我們：「有誰能比我更需要福報，更追求福報？」

所以，要成佛就要作佛的事，要作有福報的事，但是，我們都想成佛作佛，卻常常作佛陀不作的事。

準備充足的福報資糧

現在，我們有了正見，能夠發心，懂得擘劃生命願景，過著中道的生活，安住禪定心境，接下來要準備充足的福報資糧，以邁向生命的圓滿之途。

在此，我先請教各位一個問題：菩薩跟阿羅漢有什麼不一樣？一位小乘開悟的人，我們稱之為初果——須陀洹，初果聖人來往人間七次之後，他就成就阿羅漢解脫了。

阿羅漢和菩薩最大的差別是，如果初果聖人是自己上班一個月賺三萬元養活自己，就像羅漢腳（台語），此語甚為傳神，也就是自求溫飽的意思；但菩薩就像企業大老板，做大事業養眾多的人，除了自己賺三萬元之外，要為一百位員工每人都賺三萬元才能維持。

再說個故事：佛陀的二位大弟子，一是目犍連，一是舍利弗，舍利弗是智慧第一的弟子，但智慧第一其實就是神通第一，但因為代表性的關係，所以就把神通第一的稱號給了目犍

連，但事實上舍利弗是真正的神通第一。為什麼？因為他們二人曾經比賽過神通，比賽的因緣是這樣的：

有一次佛陀在龍宮講經，而舍利弗沒有到場，佛陀就交代弟子去請舍利弗來，目犍連就承命去找舍利弗，結果在祇園精舍找到舍利弗，他正好在家裡縫衣服，於是目犍連就跟舍利弗說：「快點來啊，佛陀在講經！」

舍利弗答稱：「等我衣服縫好再去。」

目犍連就說：「我用神通幫你縫好了。」

舍利弗聽了心想：你以為你神通很厲害是嗎？於是把手上的衣服往地上一丟，說：「你拿的起來，我就跟你走！」

目犍連以為舍利弗在開玩笑，順手要把地上的衣服拿起來，竟然拿不起來！於是目犍連就使出看家本領，用神通力拿，結果拿到大地震動，還是拿不起來。

此時佛陀所在的龍宮，也感受神通的威力，連龍宮都震起來了，弟子們惶懼不安，紛紛探問發生了什麼事？

於是佛陀安慰眾人說：「沒什麼事，是目犍連在拿衣服但拿不起來。」

目犍連雖是神通第一的弟子，但神通是敵不過業力的，不過願力是可以超過業力的。但目犍連卻是被暗殺身亡，在佛陀時代，當時有很多的國王都是目犍連的弟子，目犍連在當時的

影響力很大，而在那時佛陀的教法跟耆那教都是當時發展最迅速的教派，彼此之間有競爭的關係，都在爭取弟子。

但因為目犍連對當時的國王影響力很大，對佛陀教法的推廣宏揚有很大的助力。而耆那教有二派，白衣派和空衣派，空衣派在佛經裡稱為裸形外道，現今如果諸位到印度旅行，在恒河邊如果看到一些沒有穿衣服的修行者，即是裸形外道，不過現有的已經混合了。

因為目犍連幫助佛陀弘法的關係，所以那些耆那教徒就想要暗殺目犍連，但是因為目犍連有很大神通力的關係，他們很怕目犍連死而復活，所以在暗殺目犍連之後，就把目犍連的骨頭全部打碎。

目犍連跟舍利弗從小是一起在那難陀寺附近的村莊長大的，兩人感情很好像兄弟一般，當舍利弗看到目犍連被打碎的樣子，就問道：「師兄啊，你不是神通第一嗎？」

目犍連回答：「是啊！」

「那你神通第一，怎麼會被人家打成這樣子，怎麼不用神通呢？」舍利弗接著問。

「唉！業力啊！業力所居，我當時連『神』字都想不起來，那裡還有『通』啊！」目犍連回答。

無常風最大呀！沒辦法啊，因緣就是如此，目犍連就是這

樣被暗殺死的。但是，像目犍連被打成這樣，他的涅槃境界有沒有消失呢？他的智慧是不會消失，他只是忘記神通怎麼用而已。所以，我們可以清楚了知：神通是一種技巧，涅槃是一種境界。一位開悟的人，一個證到阿羅漢果而解脫的人，他是不會失去涅槃境界的。

後來，目犍連要走的時候，他為自己佈置了一個最華麗炫耀的葬禮，顯現各種最強大的神通：水中出火、火中出水、自己放出三昧火將身體焚燃而盡。

目犍連在過去世曾是一位發心修菩薩行的人，後來成就阿羅漢果。他曾經有一個這樣的故事，緣起是他過去在修菩薩行的時候，有一次有一個天神就像試驗他的菩薩心有多堅固，結果就跑到他跟前去跟他要一顆眼睛來治病，目犍連當時就心想：「菩薩嘛，當行布施波羅蜜。」就把一顆眼睛挖給他。

天神一拿到手，忽然大聲喊道：「哇！糟糕，挖錯了，應該是另一邊的眼睛才對。」

目犍連一聽，又想：「菩薩什麼都要布施給眾生才對！」於是又挖了另一邊的眼睛給他。

天神一接到手，用鼻子一聞：「臭的！沒有用，丟掉！」

所以，自求解脫是比較容易得到成就，但是當菩薩就要像鮕鮀一樣，要在泥水中混很久才有出期。

如何增長福報資糧

把覺悟放在心上

我們要開始邁向覺悟的旅程。現在，我們有了交通工具，方向也有了，配備已齊全，還要有油等燃料，準備路途中的食糧，種種後勤裝備等以供車上人員不時之需，這些就是所謂的「福報」。

而福報資糧準備的多寡，是跟我們的原始設計相關連的。就像我們原先的設計如果是要蓋個101大樓，就要準備建築材料、資金等，就要比蓋一間普通房子的資金多很多，施工期自然也會長一點；菩薩要建構偉大莊嚴的佛土也是一樣，福報資糧自然要長期累積，成佛的時間也會久一點，這跟我們的原始設計有關。就像車子一樣，小乘（乘者，車也）載人少，大乘載人多，我們的生命願景如果是要度眾成佛，就等於我們的原始設計是巨大的車乘，我們就由此開始了覺悟的旅程。

每天的早晚課我們都會念誦四弘誓願：「眾生無邊誓願

度，煩惱無盡誓願斷，法門無量誓願學，佛道無上誓願成。」我們都以為自己會學法，很多人以為法是在法本上，法本是記錄法要的一種工具，「法」其實是在我們的心上、在佛菩薩心上、在云云眾生的身上。

譬如是看到一片葉子落下來比較容易體悟無常呢？還是看到書上寫著「無常」二個字呢？

我們看別人是阿彌陀佛比較容易念佛，還是口念「南無阿彌陀佛、南無阿彌陀佛……」比較容易念佛呢？

是看這個地方眼前就是極樂世界，還是看到極樂世界的圖像；你是希望當自己、親人或朋友在臨終時，跑到畫上的極樂世界去呢？還是所處的這個地方就是極樂世界？如此念佛是不是很親切！

我們看極樂世界的圖像是幫助我們認清這裡就是極樂世界，極樂世界在這裡建立！看見釋迦牟尼佛的圖像也是在幫助我們看他是釋迦牟尼佛，看自己是阿彌陀佛，看自己是觀世音菩薩，看佛菩薩的圖像發現原來他的相貌就是我們的形像。

所以，將法放在佛經上比較安全？還是放在心上？萬一出門時忘記帶佛經怎麼辦？我是一個已經拋棄佛經的人，是一個已經拋棄諸佛的人，是一個已經不用去淨土的人，為什麼我會如此說呢？

因為我從來沒有看過佛陀離開過我的心中，也沒有看到佛陀離開大家的心上，所以我們為什麼還須要背載著一位佛陀。

其實我從大家身上看到的佛經比在經典裡還多，為什麼我還要依靠佛經呢？因為如此，我當然還是可以讀佛經的，為什麼不讀呢！所以，佛經對我來說是遮眼睛用的！

把佛陀放在心中，把淨土放在身上，不要離開它！把覺悟放在心上，真的不要離開它！

想想禪宗跟密宗在中國都是在唐朝時得到弘揚，但最後卻得到不同命運。唐武宗滅佛，很多禪師都被強迫還俗，像有名的德山禪師的徒弟，最利根的嚴頭禪師，他就被還俗，後來跑去撈田螺，後來又出家了，當時很多禪師都是這樣；也有很多禪師就一個人跑到山裡去了。

但是密宗的展現方式就不一樣，它需要儀軌、佛像、法器、需要壇城，所以當密宗遭遇唐武宗滅佛，很多佛像都被拿去鑄銅造武器，寺院也被拆了，經典太重帶不走，法器也弄丟了，所以為何密宗在中國消失就是這些原因，剩下一些部分密宗就流向日本。

當時中國的密宗就剩下獨部法，最簡單的獨步法。我這樣說明希望不要誤會我是在比較禪、密法門的高低，而是就攜帶的方便性來講，還是心比較方便一點，身體比較方便一點，呼

吸比較方便一點。所以，到最後無上瑜珈部的修法，我們的身體就是諸佛的壇城，我們的心就是諸佛的智慧。

再來，要修正一下一般人的一些謬見，很多人也許會這樣告訴你：「進廁所時候不要念佛。」這句話要打一個大問號，試想如果你是一個念佛相續不斷的人，一靠近廁所，想要進入廁所時就不念佛，然後心裡想：「我很髒，先把心裡的佛拿出來，再進去。」這是不是很愚蠢可笑的想法，佛陀會在意居於其中嗎？我們可以因為對佛陀的尊敬，而如廁時念佛聲小一點，但卻絕不可以忘了心的智慧相續！

所以，我們在覺悟的旅程上要上路了，正見讓我們具足眼光，生命願景讓我們有目標，要建構的藍圖也有了，中道的生活也有了。接著就是：我們要有心的福報。

讓心不斷的覺悟是最大的福報

什麼是心的最大福報？佛陀在我們的心中！智慧在我們的心中！佛在我們的心中，我們的心就是佛心，這就是最大的福報。所以，讓心不斷的覺醒。

什麼是開悟？什麼是智慧？沒有煩惱就是智慧！

真要得到智慧，捨棄的要比獲得的還多！無緣大慈，同體大悲，如果宇宙是同身一體的，每一個人的功能和智慧都可以

最大的福報是我們的心就是佛陀的心

得到串聯，連在一起的，所以諸佛的智慧就是我們的智慧。

這段話是經典上的話，我講的意思跟經典裡的意涵是一樣的，我個性不喜造謠，但喜歡創作，所謂創作是指把經義講清楚，跟造謠是不一樣的。

「諸佛如來是法界身，入於一切眾生心想中，是心即具三十二相，八十種隨形好，是心是佛，是心作佛。」這些話是什麼意思？用現代的電腦科技來比喻，我們每一個人都像電腦網路上由超大型網路軟體所連結在一起的個人電腦，裡面所運作的網絡作業系統都是一樣的。

所以，這代表佛陀（網絡作業系統軟體）是隨時「入我」（亦即我們每一個眾生都是和佛陀的悲智軟體連結鍵合），但問題是為何我們眾生無法使用匯入佛陀這個超大型網絡悲智作業系統來運算呢？

因為我們在近端開啟了「我」這個防火牆，使得佛陀雖然「入我」，眾生卻不能「我入」，所以眾生這個「我」的防火牆是很厲害的，它可以把自己防護的昏天暗地，變成沒有智慧。

也就是說，眾生的我執是讓自己很笨用的，讓自己煩惱用的。所以，要去除煩惱，要丟的絕對比你所得的還多，要捨的也絕對比我們所得的還多，我們唯一能得到的是「無所得」！

一切無所得，叫做智慧。

《金剛經》說：「應無所住，而生其心。」「無住」就是智慧心，「無所得」就是諸法絕不可得，這是智慧的經典啊！所以智如如，境如如，智境雙如就是佛境！

沒有煩惱就是福報

我們要如何才沒有煩惱？沒有煩惱就是福報，沒有煩惱就是有智慧，所以要怎樣才會沒有煩惱？就是不要煩惱！那不要煩惱怎麼作？很簡單，就是不要煩惱，就是把煩惱丟掉！

如何丟掉煩惱？

用手丟？用手指丟？用手指的皮膚丟？用皮膚的神經系統丟？在什麼時候丟？在什麼地方丟？

我們總是想很支節的問題，放下就是放下，我們的煩惱心念就是如此黏縛執著，所以有些禪師的方法是：到最後就一個巴掌打過去就一切放下，寂然而止了。放下！現在！當體！所以開悟要多少時間？其實開悟是不用時間，開悟什麼意思？就是放下！

讓「身」放鬆、放下，讓「心」生起智慧，讓「境」自在如如無所得，所以，覺悟的旅程就是這樣走著，一邊走著，心靈的福報也越修越大，把煩惱越丟掉福報越大；身心的障礙越

丟掉福報越大；把對外境的執著越丟掉福報就越大；對眾生的關懷越多，福報越大；越修鍊身心安住的禪定，身體的福報也越大，當有一天我們的心自動的生起智慧，煩惱的烏雲就會像麗日耀空般消融了，我們的心就會更有福報了。

我沒有去過澎湖，聽說澎湖有一顆大榕樹，腰圍約有一百個人大小，樹蔭可遮數百人，什麼因素造就這樣的巨大與寬碩？地大則物博，同理，心大則煩惱少；所以，心地要廣大，發心要廣大，猶如澎湖那棵大榕樹，一顆大樹是不可能種在小盆景裡。

如果想成為大樹，我們的心就是我們修行的地，用功夫照顧，每天仔仔細細，照顧細微之處，有句話：「大象不由小徑」，一個大菩薩不會費心在小枝小節上，他心心念念都在眾生上，他站立在人生的戰略高點，但不會用戰術取勝；而是以智慧和慈悲作為他的生命戰略標的，如此的生命操盤，尚未出手，勝利已是在望。

所以，正見、發心、生活、禪定，整個整構起來，就變成廣大的福報；人生，不要選擇很多事情然後把它做的很對，我做對很多事情，把很多事情做的很有效率，但是整個大方向卻是錯誤的。

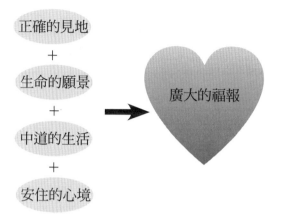

正確的見地
＋
生命的願景
＋
中道的生活
＋
安住的心境

→ 廣大的福報

像現在有些公共設施如在山上蓋一個海洋公園……等，在不對的地方，做了不對的事情，不只是現在作的部分錢浪費了，後來的也都浪費了，而且也變成犯罪滋生的場所。

站立在正確的位置

所以，生命要站在正確的位置，才能立足於不敗之地，我們人生的成功或失敗或許難論定，我們的因緣業力亦難知矣。我們現在假設一種狀況，如果電影「彗星撞地球」的情景，在我們眼前真實的發生，此時的你會採取什麼樣的行動或心態去面對，是逃離現場還是找個安全的地方躲起來？還是身心安然的面對歷史不能抉擇的這一刻，坦然接受，暢心放懷的欣賞這

世紀大秀？

當然，趨吉避凶，人所必然，能選擇遠離而不選擇，非癡即愚，但是如果天命不可違，而仍然驚惶失措，豈是智者的作風。

大約在二、三十年前，那時候我在教打坐時，最喜歡講二個故事，一個是關於火的故事，另一個是關於水的故事。

火的故事是這樣的，以前日本有一位禪師，這位禪師因為為了保護一個王族的後代，得罪了一位將軍，那位將軍後來掌權以後，要對這位禪師報仇，打算派兵消滅他，那時日本的寺院都是木造的，寺院被圍起來以後，那位將軍就下令火燒寺院，眼看火勢越來越大，已經無路可逃，那位禪師卻不慌不忙，帶著一群徒弟，在大火圍繞的空地中央打禪：「參！如何在大火中轉法輪？」他在最關鍵的時刻，作最正確的抉擇，作最對的事情。

另外一個水的故事，是船子和尚的故事。船子和尚一生以渡船為生，他在渡船的時候，就請他的師兄幫他注意一下，哪些是可度之材。

有一天，他師兄就看到一個不錯的人選就叫那人過來，上了船之後就開始過河，等到船行到河中央時，船子和尚一竿把那人打落於湍急的河中，被打落河中的那和尚緊張的大喊救

命，船子和尚二話不說就拿起竹竿直戳那人，口中說：「說！說！」

結果那人就大悟起來，於是船子和尚就把那人從水中拉了起來，然後跟他說道：「我現在傳你這個法，是完全真實的，善自保任。」說完，船子和尚便跳入河中，沒水而去，用這種方式，來保證法的真實無偽。

布施是增長福報的方法

隨時隨地行動

現在，讓我們每一個人都回過頭來，審視自己的心，看看自己準備好了沒有，就是現在，到底準備好了沒有。

所以要長養自己的福報，要有長遠的發心；初發心是容易的，但要能夠保持這個發心，並且隨時隨地的發心，隨時隨地的行動。

我們有一個最好檢測的東西，就是我們的心，可以隨時隨地拿出來看；我們的心，我們的身，我們隨時可以看，不必問佛陀，也不必問神明，自己的心，就在那裡，自己的智慧就在那裡，好好看著自己的智慧，隨時隨地的發心；時時的發心，長遠的發心，福報自然就會長遠的積聚發展。

還要時時布施給自己，布施給他人，你有沒有時時布施給自己？以前禪宗祖師五祖問六祖說：「作物去！」

六祖回答：「弟子心中常生智慧，未審和尚教作何物？」

這句話答的很好呀，六祖實在是一個很會布施給自己的人，你們呢？

生命怎麼來的？依佛教的說法是：無明緣行，行緣識，識緣名色，名色緣六處，六處緣觸，觸緣受，受緣愛，愛緣取，取緣有，有緣生，生緣老死等十二因緣而來。

什麼是無明？無明就是無智，就是煩惱，就是不明，就是分別心；我們常講我執，我執是什麼？就是執我，然而是先有執？還是先有我？執在先，我在後，所以我由執來，我是被執騙來的，是執從外境偷抱回家的假面具、假主人翁，這個假面具、假主人翁，自稱叫我，自稱為主人，其實是假的。

這個執我的生起，是源自什麼？用一句哲學式的用語來解答，叫做「本初的裂痕」；所以，無明就是執著，就是分別心（divided mind），心弄清楚了，解脫就在這裡，大家的解脫就是我的福報，對我而言，我人生沒有其他目的了，只有你們的解脫而已。

無明的「明」是什麼？就是無別心，所以無明就是顛倒夢想，這個就是執，執會引生演化出莽撞強力的生命力，一種極端莽撞自我保護的絕對的生命意識，這種莽撞的生命生存的意志是由執著來的，客觀上沒有這東西的真實存在，但無明莽撞的我執意識卻會常常隨時隨地出現，比如當我們淹沒在水中快

要窒息時，如果此時有人趕來營救我們，我們第一個動作會是什麼？盲目緊張的抓住嘛，為什麼？為什麼那時候不能安然的放鬆自在？因為求生意識，因為此時我們正陷入一種原始的混沌裡面，本初的無明裡面，此時心是分別的，不明的，是不知道的，是陷入無明的絕對生命意識裡面。

時間是怎麼來的？其實沒有時間，哪裡有時間，時間是過去、未來及當下互相定位才存在的。所以什麼是過去？哪有過去，你曾活在過去嗎？你能活在過去嗎？你能回到過去嗎？過去根本是一種想像，從你所有活著都是現在哪有過去？你說你想過去的事情，你什麼時候想的？當然是現在想的，哪有什麼過去不是過去想的，所以所謂過去都是自己騙自已；那未來呢？未來還沒到。那現在，現在有嗎？現在也沒有，什麼叫現在？拿出來看看，沒辦法吧！時間其實只是我們生命序列的一種幻覺。

空間，什麼叫空間？是這裡嗎？我們如何定位這裡？宇宙沒有邊際，請問：「什麼是這裡？什麼是那裡？」因為有這裡，所以定位出那裡，這裡跟那裡是互相定位出來的，十方的定位，定位出你，空間定位出你，所以，時間、空間的定位，交叉在一起，我們才在這中間運作出種種的意識分別，才會產生出種種的形貌，種種物質、能量的下墮，能量的下墮才會有

時時發起生命願景，福報自然積聚發展

物質的產生，這就是禪定的原理，我稱它為：「心、時間、空間複合體」，也就是心的無明，產生了時間的分裂，及空間的分裂，所以「我」是執著我來的。

執著我而來的我，這個執就藏在我的後面，也因為這樣，我的存在，這個我本身就蘊存了「本初的裂痕」在裡面，所以這就是為什麼你會跟自己打架，因為你跟自己是勉強結合在一起，就像二塊不同時間結晶成形的石頭，被勉強擠壓在一起，在一定壓力底下，會形成裂痕而暴裂。

這個物質界現象的比喻，如果把它引申到現實社會裡，現在最普遍常見的暴裂型式就是「憂鬱症」，很多憂鬱症的人，他的時間跟空間感都混淆了，就像黑洞一樣。

所以，我們必須了解，有「執」的存在，「我」中必然存有裂痕；無執，則我也是虛妄的，當然沒有裂痕；但是，此時，這個我存在嗎？我是虛妄的，當然我存在，但你一執「我」，則我必然是虛妄的，但是若你了解我是虛妄的，遠離了我執，當然我是存在的，因為這個我是因緣法。

所以「如是我聞」的「我」，對一個開悟的人而言，它只是一個指涉的因緣，我是因緣的存有，你是那因緣的存有，這個「我」跟「你」的本身是沒有分別的！這個「我」呀，只是因緣性如是！

每天布施給自己

所以,我們要布施給自己,布施給自己就是要愛自己,而要怎樣愛自己?就是要讓自己快樂,讓自己幸福,也就是要把自己統一起來,不要再讓自己陷入「本初的裂痕」。

不要再自己跟自己吵架,因為從生前到死後,它都陪伴著你,比你的親人更親,比你的孩子更親,比你的父母更親,比你的丈夫、妻子都更親,你跟自己相處不好,就是找自己麻煩。

所以,要讓自己統合起來,才能產生力量去對外。所以要布施給自己,每天都要布施給自己,布施給自己最好的東西就是法。

在佛法裡,一般分有三種布施,第一種是財施,其次是法施,第三是無畏施。財布施給自己是,要給自己適當的營養;法布施就是每天都要跟自己說法,法布施最好,每天都要布施六波羅蜜給自己,布施一些法給自己。

比如六根中眼根如何布施給自己?就是當我們看東西時,眼睛不要盯著看,而是要放鬆的看,所以「都攝六根」就是讓外界美景很自然的攝入,很放鬆,不要盯著,心就不會緊張,就不會被外境抓走了,讓外境自然入於眼中;耳根也一樣,六根完全放鬆的收攝回來,這就是布施六根最好的方法。

布施自己，讓自己的身心完全的放鬆、完全的自在，自己的身心統一了，不要再有假我幻相的撕裂和干擾，然後再進一步布施給他人。每天布施給自己，讓自己心靈充滿溫暖、光明、快樂，隨時隨地給自己補充身心智慧的點滴，自己有能量了，就可以布施給他人，布施給整個世界。

　　不斷地這樣布施，也就不斷的累積福報，當我們布施給外界，外界也會回過頭來布施給我們。所以，上布施給佛陀，下布施給一切眾生，這上下的布施，就是「上與十方諸佛同一慈力，下與眾生同一悲仰」，這是觀世音菩薩耳根圓通的法門，最究竟是上下雙迴向，上迴向給諸佛、圓滿淨土，下迴向一切眾生，這就是布施，這是增長福報的方法。

無相布施

　　想要迅速成就此生的圓滿幸福，能夠幫助他人，最快速的成就法門，就是要有福報；人有沒有福報是很容易觀察的，沒有福報的人，聽法現在聽懂，等一下就不懂了、記不住，就是不能總持；沒有福報，你就聽不到好的法，聽到好的法，也沒有辦法總持；能夠總持，也不能自在，不能運用，不能解脫自身，不能進而幫助他人。

　　所以，我們都需要福報，我們的眼睛需要福報，讓我們能

布施是是增長福報的快速方法

看的亮一點，能看見諸法實相；我們的耳朵也需要福報，能聽聞一切，一切人的心的聲音；乃至我們的鼻子、六根、身心、環境、妻兒眷屬等等，一切這些人都需要福報，福報與福報相互之間的互相浸潤、交互供養，就像千百日般的互相照耀。

《華嚴經》中對自他的福報，有很好的教導與表達：「能禮所禮性空寂，感應道交難思議，我此道場如帝珠，一切如來影現中。」其中帝珠就是帝釋天王的寶珠，帝釋天王也就是俗稱的玉皇大帝，他有一個寶貝，叫做帝釋珠，就是摩尼寶珠，這寶珠又稱為隨色摩尼珠，它會著我們的心意而改變顏色。

這個如水晶球般的摩尼寶珠，將之編織成一個網，很多的摩尼寶珠之間便互相照耀，所以「能禮所禮性空寂」這句偈語便是在教導我們，最好福報的體性就是「性空寂」，這「性空寂」在《金剛經》裡面也有同樣的教導，叫做「無相布施」。當我們的執著程度趨近於零，這種毫無執著心之下的布施，叫做「無相布施」，無相是智慧，布施是福報，所以：

無相＋布施＝悲智雙運

無相布施的澈底施行就會成佛，所以是「能禮所禮性空寂」。

「感應道交難思議」是二面鏡子互相印照，鏡子照鏡子，這叫感應，這裡面有三個性質：相應、相即、相入；也就是與

佛相應，同時現成，同時相入，入我我入。最後，佛是我，我是佛，同體無二；「難思議」是指超越思議的範疇。

「我此道場如帝珠」，就像摩尼帝珠一樣，相互照映，主伴相容。「一切如來影現中」，每一個人都是帝珠，每一個人都是如來，大家感應道交。

所以要布施自己，布施他人，真正會布施的人、有福報的人、想要增加福報的人，第一層要多多布施他人。第二層，要好好接受人家的布施。

在〈普門品〉中，無盡意菩薩供養寶珠瓔珞給觀世音菩薩，觀世音菩薩接受後再供養出去，這就是輾轉善循環，成就清淨的世間、清淨的佛土啊！

能布施是第一層，能受布施是第二層，布施與受布施二者都沒有差別，等同無二，無二無別，到最後是原同無二，這個能成就我們的廣大福報！

好好的成就自己的福報，因為福報是讓我們成就最快速的方法，沒有福報，難以聞法，難以入法，難以悟法，而且難以度眾生。

像我自己就是福報淺薄之徒，所以一直難以圓滿度眾生，雖然法已經講盡了，但是，還沒有辦法無礙的度化眾生，所以我很能體會佛陀是最追求福報的人。

讓我們大家一起來布施給自己，布施給他人，也讓這個法界布施我們，自他性空，圓融一味，共同成就圓滿的世間！

第六堂課

・行動──生命的威力・

行動需要正見的引導

　　心性修鍊的八堂課，彼此之間具備承上啟下的關聯性，這八堂課統合起來是一個完整的觀念，就像佛陀當年提出八正道，這八正道是一套完整的自我解脫的實踐方便，而就大乘菩薩道的實踐，佛陀提出六度四攝萬行作為行動綱目，而我在這個課程裡頭所提出的這八個心性修煉的綱領，則是一套融攝大小乘佛法，乃至成就佛菩提一貫之乘而能令任何修行人都可以透過這八個主題的研修實踐，來完全成就佛菩提的一個修學綱領，所以這是一貫的修學次第。

　　這個修學次第的第一個綱領是正見。一個真正的修行人是從來離不開正見的，這點要牢牢記住。

　　佛法跟任何其他宗派不同的地方是，正見永遠放在修行的前面，所以禪宗一直強調見地的重要性：「只貴汝見地，不貴汝行履。」就密宗來講，所有密乘的境界高低，其分別永遠在見地，所以有大圓滿見，大手印見，中觀見、唯識見、業感緣起等各種不同的見地，這緣起的一切見解雖有區分，但是佛法

的一貫根本卻從未改變，就是以「無常、無我、空」來貫穿，也就是以三法印為核心，再從此作出區分，再往上走，而對三法印作出更深層的詮釋。

所以不管是密法、禪法，乃至佛教裡任何一個宗派，同樣都是佛法，其所證得境界的高低，其間彼此最大的不同就在見地，所以正見是一切的核心，不是外相的修行。修行是附屬在正見裡面的實行力。

當修行外相被引導當作一個判斷的標準而特別提出來之後，這裡面便產生一些問題。

有一次，我看到一個報導，是說有一個印度教的聖人，他持續舉手舉了二十六年。這看起來似乎一個很了不起的動作，但他為什麼要舉手？那是因為有一天，他感應到一個神要他舉手，所以他就舉手舉了26年，當然，這個動作讓很多印度教徒對他很崇拜尊敬。

但是，如果你是一個佛教修行人，而你舉手舉了26年，一般的佛教徒或許會很尊敬你，但是肯定的，佛陀一定會勸你一直到你手放下為止，而文殊菩薩則會一劍砍斷你的手，觀音菩薩則會因為你的愚昧而落淚。

所以，這個舉手的印度聖人，他的核心問題是，他的行為是緣自於感應之後去作的，並沒有經過正見的檢擇。

舉這個例子所要強調的重點是：佛法的修行，是沒有任何一個過程是不清楚而妄行的，裡面的正見引導是非常清楚明白的。在佛法裡，沒有任何一個東西是不清楚的，而也沒有任何一位師父、一位上師，或是佛菩薩可以偷偷把佛法藏起來，然後跟你講說這是秘密，你不能看，沒有這種東西，因為佛法是公開的，它是開放的秘密，你看不到，是因為你不想看，不是因為它不在那裡；你看不到，是因為你拒絕看，不是因為它不清楚。

　　佛法中的每一句話都很清楚，它不是神創造的，而是世間客觀的東西，這個客觀的事實就是「三法印」，就是「無常、無我、涅槃（空）」，涅槃是當我們了悟了無常、無我之後所證悟的境界。

堅信因果的事實

　　只要生命是在運作的狀況下，它一定落於因果當中，佛教徒永遠都是堅信因果的，這是佛教的第一個信念，因為因果是一種事實，是無常、無我之下的事實，佛教徒堅信因果不是因為因果是應該信的，也不是因為因果是佛陀講的，所以才去信仰，而是經過判斷這句話有沒有道理再相信。因果是有因必有果，是一個法則。堅信因果的信是初期對因果法則的認知，到

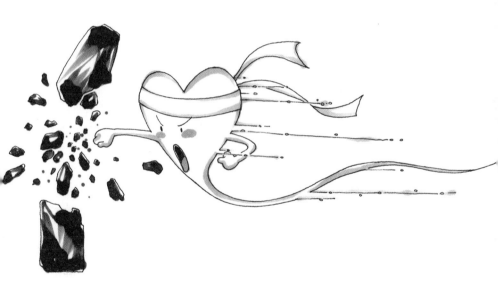

生命的威力在實踐行動中產生

後來則是「看」到因果，也就是見到因果的事實。

　　所以堅信因果者，必定接受事實，任何的事實存在一定有因果基礎，都是現前當下的因緣所聚，沒有任何遠離因果的事實，有因必有果，所以一個正信的佛教徒必然有第二個信念，就是接受事實。

　　佛教徒的第三個信念是永不認命。很多人以為承認因果，接受事實，所以就認命了，殊不知認命是反因果的，是一個很大的邪見。目前市面上有很多宣傳因果的書，很多都說得不正確，因為裡面內容很多不是真的在講因果，而是在講宿命，而其實講宿命是違反因果的，它是叫我們要認命！

　　我們要認命嗎？要是真的認命了，就不用想成佛解脫了，因為你既然認了沒有成佛的命，那就不能成佛了，也就不用修行了。而既然我們認為透過修行最終可以成佛，就表示不認命嘛，所以佛教徒是絕對不認命，也就是說，任何的事實當還沒有實現的時候，都有被改變的機會；而事實當已經發生的時候，必然有它因果的基礎。

　　更進一層，有同樣的事情，在不同的條件之下，不同的緣起裡面，也不一定會展現出同樣的面貌；也就是說，事情的背後有這些因緣力量，則必然會形成一些事實，但事實的樣子卻不一定在所有的地方，都會重現同樣的樣子。

很多人不了解因緣力量在不同的時空背景之下，往往有不同的面貌展現。比如說，現代人很喜歡閃亮的鑽石，但在原始時代，一顆十克拉的鑽石，其價值可能遠不及一顆木瓜來得實用，所以意義或者是價值，其實是由因緣條件決定的。再比如現在很流行的信用卡，而這信用卡的價值在二十年可能只是被認知為一張紙片的意義而已。

由此我們得知，眼前事實所展現的意義或者價值，其實是現前的因緣條件決定的。

再舉另外一個例子，在我們小時候的年代，長輩可能會這樣教導我們：「小孩子要愛惜字紙哦，要不然下輩子會不認識字！」但面對現代社會充斥的黃色書刊，那麼那些燒掉黃色書刊的查緝人員，以後是否會不認識字？

所以，用一個緣起的因緣外相（外在的現象），來僵化解釋因果的意蘊內在，其實是一種很不清楚很浮謬的看法，因為所有現象的產生都是有因有緣的，這才是因緣法。

當我們討論什麼是一種道德的時候，我們必須深刻的了解，道德其實是一種尊敬的表示或態度，現代人所重視的禮節亦相同，兩者都是對因緣法的尊敬，所以我們講入境隨俗也是一種尊敬。

同樣的，當我們討論世間的婚姻關係時，我們如何在一夫

一妻、一夫多妻及一妻多夫之中，抉擇何者合乎禮教？這其實還是要由因緣法決定。

譬如當前大陸社會，男女人口比例為一百二十比一百，那麼將來其婚姻關係會不會因為男女人口比例嚴重失衡而有所調整？現前西藏地區，某些地方存在一夫多妻，也有些地方存在一妻多夫，有人或許認為說這很無禮，而其實從因緣法的角度來看，他們是合於禮的，因為只有實行這個制度，才能和諧這個地方的因緣，免於爭鬥。

所以禮教、道德、道德現象，是來自於內在的道德性對於因緣法的尊敬尊重所成立的。所以「禮」是一種尊重跟了解因緣法之後的展現。

但是，當這種禮教的尊重，或因緣的尊敬被僵化、固定、強制而成為一種不能改變的外相之後，則這禮教就被扭曲而變形成一種吃人的禮教。

譬如我們現在看到這個世界有的實行一夫多妻的地方，這個一夫多妻制度的起始因緣，本來是因為戰爭的關係，而使得眾多的男人戰死於沙場，這時候為了照顧戰爭受害者的女眷遺族，所以才會出現一夫多妻的制度，以使得社會趨於穩定和諧，但是當這種制度實施久了，到最後被扭曲而成為所謂男人的一種權力的時候，就變成醜陋而不道德了，也就是利用過去

因緣的道德現象來合理化他目前不道德的權利，所以道德絕對不是一種權利，而是一種尊重。

所以，我們看因緣法則與因緣現象要如實而清晰，不要被因緣現象所迷惑，而要直透因緣現象，了達背後的因緣法則；不要只是看到因緣現象，就直接判斷這件事以後的發展如何如何。

所以，我們必須了解「因果三階」，也就是堅信因果，接受事實、永不認命，三個因果的認知次第。

了知無常與空的實相

一切無常、無我，就會導致因果，而因果是跟「空」合在一起的，否則就沒有因果，為什麼？如果一切不空，那麼你今天吃蛋炒飯，明天、後天你都會吃蛋炒飯，因為不空就是常，常就不能改變，不能改變到最後就是死亡，所以常是一種死亡。

反過來說，有生有死就是無常，因為無常的緣故，所以今天的我可以比昨天的我更圓滿，今天的我可以比昨天的我更有力量，今天的我可以比昨天的我更有智慧、更慈悲。

所以，不要以為成佛，就變成一個有「常」的佛存在，那麼佛是什麼？《金剛經》上講：「以無少法可得，故得阿耨多

羅三藐三菩提。」《心經》說：「依般若波羅蜜多故，得可耨多羅三藐三菩提。」有一個「般若波羅蜜多」這個東西嗎？當心無可住，境無可得，就是成佛，也就是得到無上菩提；具足這個心就是無上菩提心；所以無上菩提心就是同體大悲，同體是完全沒有障礙的智慧，大悲是完全沒有障礙的智慧，完全沒有分別，對一切都是平等無二，就是大悲。

如果具足平等、大定、大慧、大智、大悲就是佛陀，所以佛陀不是一個「常」的東西，但是因為佛陀遠離無常，在相續不斷的每一個當下，都具足智慧，都是空，都是不可得，都是不可壞，所以成佛之後不退，不退不是有一個東西不退，而是不可得。

所以見地永遠是比修行更重要，正見確立之後再來修行，就像眼睛看清路的方向之後才向前。發心則是對生命生起一個最光明的願景，然後去實踐在生活裡面，從生活裡面仔細體悟自己的生活而實踐中道的人生。

什麼是中道的生活？在每一條生活的道路上，走向最恰當的位置，在每一個生命的因緣裡，做最正確的抉擇。實踐中道的生活，讓你產生更深刻的生命智慧與經驗，這時候以禪定來守護、安穩我們的身心，讓身心安住於中道；再進一步，為了幫助周圍有緣眾生，要具有很大的力量，也就是要有福報，沒

有福報的修行人就像一顆樹種在小盆景裡，永遠也不會枝葉繁茂庇蔭廣大，所以要發大心，把福報的種子種在法界，種在沒有障礙的法界，種在佛陀的心上，無障無礙的心上，自然就會發芽滋長，成為一棵庇蔭無邊的法界大樹。

正確的決斷力與行動的展開

但是，福報的積聚是點點滴滴的，先從最需要接受布施、接受福報的人身上去積聚，也就是從我們自己身上去灌溉。

要正視自己、重視自己，也就是先要懂得自愛。自愛不是自戀，自戀的人通常不大自愛，自私自戀的人是傷害自己的；而真正自愛的人是跟自己統合的，與自己不生起衝突，由這個和諧的統合開始，再慢慢擴大增長自身的福報，令心常生智慧，令心常生歡喜，自心遠離煩惱。

最後，再把這個身心統一和諧安樂的愛，變成慈悲（慈是予樂，悲是拔苦），把這個慈悲從自己擴散出去，對一切眾生慈悲，也就是對自我的慈悲，能產生對他人的慈悲，布施自己，終究也能利益他人，不斷的布施，不斷的擴大，如此，福報才能無盡增長，終究產生巨大的力量。

福報是有力量的，很多人沒有辦法作決策，很多人的生命沒有辦法作決定，是因為他沒有福報。沒有福報的人，雖然他

懂的很多，卻沒有能力為他的生命抉擇恰當的位置，作恰當的事情。人生什麼時候該作這件事？就是該作這件事的時候就毅然去作，也就是人生當面對一切時空因緣現前之時，都要能作正確的抉擇，但是有很多人卻沒有辦法下決定？為什麼？因為心中無力呀！

所以，福報是一種力量的顯示，它能讓我們在一切有利的因緣當中，作出正確的抉擇和決定，所以福報是有力量的，它可以讓我們排除偏見而作出正確的決定。很多人作決定是靠偏見，有些人則靠情緒，另有些人靠激動，更有些人則靠所謂靈感。什麼是靈感？靈感往往是不大靈感，才稱為靈感，靠靈感如果可以正確的作事，那些靠靈感買樂透的人，應該人人中獎才對！

福報是有力量的，它可以讓我們作出正確抉擇，因而遠離煩惱，讓我們遠離煩惱就是有力量，很多事情我們沒有辦法決斷，福報讓我們有心力作出決斷。所以有沒有福報，看我們的心力就清楚了。

很多人心很軟，而這個軟心腸的人，從一般世間人的角度來看會說這人很慈悲，但就佛法的角度去解釋，會說這人不大慈悲，但就佛法的角度去解釋為什麼是如此？因為心腸軟基本上是一種情緒，跟慈悲不同，慈悲必須蘊含智慧的成分，因此

慈悲是具有承擔力的，真正的痛苦必須用智慧去超越，也唯有最深的智慧，才能對最深的痛苦，作最深的承擔。

菩薩為什麼對苦的承受能力很強大，因為菩薩具備甚深智慧跟慈悲心。反過頭來說，為什麼我們能夠對這件事作出決定？因為我們心的能力能夠承擔！所以，必須要有很大的心力，否則人間有很多事情我們真的很難決斷，很難作出正確的抉擇。我們必須累積廣大福報，才能讓我們作出正確的決斷，進而開展出行動力、執行力與實踐力。

發起大覺的行動

執行覺悟的行動

　　心性修鍊的方法，從外相的因緣看，雖然有各種不同的法門，但一切外相的因緣，都是要訓練我們心的專注，是藉由不同的因緣而提供方向，來讓我們的心得以專注。

　　例如：很多佛教徒很喜歡念佛，而念佛最重要的解釋是：「念等於佛，佛等於念。」這才是佛心的正見，也就是當下這個心等於佛，所以一切修行的方法，都是要讓我們趣入「心等於佛，佛等於心」的這個理趣。

　　如果就古代的傳統來講，這種扼要的教導叫做「口訣」，也就是甚深密訣。密宗的修行，有所謂「三密相應」，三密就是身密、口密、意密，所以「三密相應」就是佛以身口意跟我們相應，所以我們要相應佛就必須觀想佛的身，持誦佛的咒，意念觀想佛，手結手印，這個「三密相應」最主要到最後是要「入我我入」，佛入我們的身，我們入佛的身，就是念佛，就

是念跟佛相應，念就是佛，佛就是我們的念，當下這一念心就是佛，而佛也是覺的意思，所以「一念覺即佛，一念迷即眾生」，六祖慧能大師不也是如此說嗎！

當我們開始學佛，心中觀想佛陀，口中持誦佛陀的咒語，並且手結佛陀的手印，以身體、語言、心意三密相應於佛陀；佛陀的手印代表的是佛陀的動作，而佛陀的動作就是沒有執著，完全的放鬆，完全沒有染執，這就是我提出放鬆的五大口訣：心、氣、脈、身、淨，也就是心如——心跟真如相應，氣鬆——呼吸調和，脈柔——脈輪柔軟，身空——水晶般透亮廣大，淨土——圓滿，如此完全的放鬆就成佛了。

如果我們是佛陀的話，那在任何時候都是佛陀；所以，不要失去了這個覺悟的一念。現在，我們既然了知自己已經成佛了，就要去行動，要去實踐，要去圓滿，也就是要執行覺的行動！執行一種覺悟的行動！

佛陀在宇宙中運動是一種大覺的運動，是一種絕對覺悟的運動，這個覺悟的運動，時間取當下，空間是當體，當下隨緣，當體隨緣，就是《圓覺經》中所說「隨順如來覺性」，這也就是如來的行動。

所以，當煩惱來了，思惟一下有煩惱的實質性存在嗎？經過如此思惟，就了知煩惱不必除去，因為煩惱是假的，只要我

們安住在覺性中就可以了，隨順自己的覺性，不要離開，因為只有覺性是我們可以把握的！

外相的緣起來了，隨緣吧！佛陀也有一些因緣是世間的，比如說他在修行的過程中，有一段時間因為拿不到供養，所以有幾個月必須吃馬麥維生，又有一次他的腳被刺到受了傷，也曾經被提婆達多暗殺，用石頭把他的腳砸傷了，所有這些緣起都是外在的。但是這些因緣是否有影響到如來覺性呢？沒有，如來就是如來，會流血的還是如來；而如來也不會在不合宜的因緣裡面入滅，所以如來是不用保護的，如來不護身、不護語、不護意，他是完全透明的，他是完全的覺行圓滿。

學習佛法要學就學核心，這個核心就是「正見」，正見學到以後，因為人生總是要過日子，所以吃飯、睡覺一切還是照常，平常沒事再念念阿彌陀佛的佛號，或是觀世音菩薩的聖號，或持誦佛菩薩咒語，或修持某種觀法。

但是這些身體、語言、心意的修行，就像一輛車子，上面所掛吊的漂亮鈴鐺，或是播放的美妙音樂，核心還是在這輛車子所具備的動能，也就是這輛車所負載的動力機制，是否「隨順如來覺性」，也就是其行動來源必須是源自大覺的行動。

所以，我們隨順而發起的大覺行動，必須以正見、發心、中道的生活、禪定守護、福報抉斷力等作為啟始大覺行動的前

行次第，才開始發動大覺的引擎，去行動、執行、前進。

在每個因緣做出最恰當的行動

在當下中行動，在當體中行動，當下、當體行動而隨緣，隨順如來覺性。什麼時候該作什麼事，就當下、當體直接作去。

儒家有一句讚美孔子的話：「聖之時者！」意思是讚美孔子往往能夠在每一個現前的因緣當中，作出最正確的抉擇，最圓滿的回應跟行動。但是，依我個人的偏見看法，如果用同樣這句話來形容佛陀，或許更為恰當。因為大覺者在所有每一個當下的因緣裡，都能作出最恰當的大覺行動；所以大覺者是覺之時者。是當下、當體。

所以，風來了，就風來了；風走了，就風走了，在每一個當下的因緣裡面，要作什麼事情，心是什麼，沒有人能告訴我們，我們要作什麼，只有覺悟的自己能告訴自己要作什麼，沒有人能規定自己要作什麼，就算是佛陀也不可以，佛陀可以告訴我們要作這個，但作不作還是自己去決定的。

所以，真正的佛陀是在我們的自性中，在我們的自心中，是在我們的覺悟之中，用這個覺悟來指導我們的生命，去作每一個我們該作的事情，行所當行，止所當止，不要等待，該作

的就是去作。

很多人會這樣問我，他要作什麼？或者不作什麼？通常我的回答是：「有時候你要作要去作的，在另外一些時候，你要作不要作的。」一般人總是在二分法裡頭想事情，我要作與但是有時候，卻應是剛好作無為。

所以，有一天，你們可以作，可以什麼都不作，連不作的也不作，全部放下了，這時候，作、不作，有什麼分別呢？

不要問我：「你要作什麼？」我怎麼知道，也不要問我：「你不作什麼？」我怎麼知道，但當你問的是：「我要這麼作，要怎麼作比較好？」那我就會給你最好的建議；因為要作什麼必須由你自己決定，但怎麼作會比較好，我倒是有很多創意和點子可以提供給你們作參考。

無分別心的行動力

行動，應該是我們心性修鍊的過程中，最重要的核心議題，前面所談的，就是要引導我們進入這個階段——開展「六度萬行」的行動；我們是行動者，不要遠離如來覺性，以佛陀的境界，來實踐我們的菩薩行。

以大覺智慧為修行指導

關於佛境菩薩行的修行引導，假若以《金剛經》為主，則以無上菩提的「無有少法可得」為修行指導；假若以《心經》為主，則以「般若波羅蜜多」為修行指導。假若以《圓覺經》為主，則以「隨順如來覺性」為修行指導；若以《楞嚴經》為主，則以「首楞嚴三昧」為修行指導。

這是一切皆以如來圓滿的大覺智慧為修行主導，大覺者是悲智圓具、具足大智慧而能解脫，沒有分別心；所以具足大慈悲，具有絕對的行動力，是佛境菩薩行。

再用《心經》裡的一段話，來進一步闡釋菩薩行。《心

經》裡:「色不異空,空不異色;色即是空,空即是色。」「不異」是一種很清楚的理性思惟,「色」則包括色、受、想、行、識等一切法,而以色法來表徵。

「色不異空」,若我們如理的思惟,從「三法印」的角度思惟,從空性思惟,一切色法皆無常、無我,是空,所以是「色不異空」。但是它的意旨也明白指出「一切諸色,與空不異」,「一切諸色」是緣已生法;「與空不異」是緣已滅法,然而緣已生法與緣已滅法都是同樣的事情。

緣生之時名為緣起,緣滅之時名為緣滅,世間的因緣集起,一切都是緣起,所以:「有因有緣世間集,有因有緣集世間,有因有緣世間滅,有因有緣滅世間」。

所以緣生與緣滅,雖然一個是生、一個是滅,但實質上並沒有不同,因為一切皆空;就像是「作」一個行為,一定有作的動作、作的事情與作的人,這三者都是空,如果能體解,就有了空性,即可以證入實相獲得解脫,從一切諸法中得到解脫。

所以,解脫其實是很簡單的事情,就是不執著而已。不執著,就是解脫,也就是沒有煩惱,又叫般若智慧。

所以般若是見聞一切法而無所執著,是名般若;假若有所執著,即落於輪迴,生起煩惱。

所以一切現象皆空，這是事實，我們看到萬事萬物不生執著，就是般若，但這裡所謂的不執著，不是不去執著實有客體的萬事萬物，而是根本客體、主體一切皆空，想要執著的動作也是空，三者都不可得，「無有少法可得，是名為真般若」。

　　境——一切現空不可得，心——覓心了不可得，以般若心面對現空境，如如心、如如智、如如境，所以境如如，心如如；心如如、境如如；就是所謂「恰恰用心時，恰恰無心用，無心恰恰用，常用恰恰無」。

　　「色即是空」若體解句中的意義，即從各種物質中得到解脫，然而菩薩雖從五蘊中解脫，卻只因悲心深切，翻將覺海作紅塵，既然已了知一切色相所由來都是空，一切皆空，所謂「般若將入畢竟空絕諸戲論」，一切戲論分別全體銷融盡淨，則不妨「菩薩將出畢竟空，嚴土熟生」，也就是莊嚴佛土成熟有情眾生，於空花水月的道場中，大作夢中佛事；既然已了知各種物質相皆空，所以「色即是空」，也就從空中脫出；「空即是色」則成就空花佛事。

　　這些意旨，在《金剛經》也有描述：「如是滅度眾生，實無眾生得滅度者」，「以無我、無人、無眾生、無壽者，修一切善法」，以無為無得的心去行一切善法，即是菩薩的行動，菩薩的行動，即是空的行動；以空的行動，落實而行一切善

法，開展出六度萬行的度生事業。

六度萬行的度生事業

六度是六波羅蜜，即布施、持戒、忍辱、精進、禪定、般若，「度」即波羅蜜，又稱波羅蜜多，度也名為度無極，所以六波羅蜜也可名六波羅蜜多或六度無極。

波羅蜜之意為到達解脫的彼岸，六度是六種到彼岸的行動，但這不是普通的行動，而是必須以慈悲與智慧為基礎的六門功課，其中忍辱不只是對困厄的大自然環境的安忍，也包括對不合理的人事的安忍，所以六度是六種修行人處事做人的原則和智慧。

六度後面有時會再加上願、力、智、方便而形成所謂的十度波羅蜜，對應於華嚴「十地」，又稱為「十行」，等於十個菩薩應行的課目，菩薩於實踐「嚴土熟生」過程中，應時時參究考察，於所不足之處應常常補足。

菩薩攝受眾生的態度，則以四攝法：布施、愛語、利行、同事四法為準則，來作廣大的攝受；四攝為態度，十度是行履，因而成就菩薩一切願行，以四攝六度，掌握菩薩萬行。而四攝六度萬行的根本，其實就是「空即是色」的菩薩行動，就是空的行動，大空的行動；大覺的行動，就是以佛境菩薩行，

來圓滿當下、當體現空的菩薩行動。

現空的行動

什麼是現空的菩薩行動？什麼是現空？它本來就是空，不待觀，當體即空，是名現空。如果還要「觀空」，就有次第性了，假若有次第產生，就不名為空了；所以空是實相，與觀空並不相同，也不是唸觀空咒可以獲得，也與佛陀無關，為什麼呢？「若佛出世，若不出世，諸法常住。」法是常住，與佛陀出不出世無關。「佛」是大覺，是覺悟一切法，所以名為大覺。

一般講佛、法、僧三者，佛總是擺在最前面，是因為佛覺悟一切法之後，教導我們認識一切法，讓我們修行，而僧的本意是指賢聖僧，是修行成就的僧眾團體，不是指個別的僧人；但是就法界來講，這個佛、法、僧的次第就變成法、佛、僧，其實法才是核心，因為不管佛出世、不出世，法都是存在的，而法是什麼？就是現空無相！遠離了法，就沒有佛了。

所以：一念覺即佛，一念迷即眾生。但是一旦成證覺者，就一切放下了，不會再墮回眾生，因為他遠離了一切生滅的對待，不會再生起任何輪迴之法。

「若佛出世，若不出世，諸法常住。」所以一切現空的實

相，跟我們觀不觀空都無關；若法不空，而我們一定要觀它是空的，也是邪見；如果法本空，而觀一切是空，也只是觀而以，所以觀空是修行的次第方法，並不是證悟。「空」不待觀，因為觀空者（能觀）、所觀的對象、觀照的動作，三者都是因緣和合，觀照的動作只是讓我們有一個基本上的依循所假設出來的方便；就像以指頭指著月，目的在月不在指，所以觀空是一種觀照般若的方便，目的是讓行者趣入真實相的智慧。

如果已經趣入事實真相智慧的實相般若，便自然能夠體悟了知能觀、所觀、觀者三者都是空，也就是主體、客體、界面三輪體空，這就是「諸法本來是空，不必待觀」。

所以不須觀空而諸法自空，也就是開悟時，沒有第一念、第二念去觀空的問題，一切都是當下現觀，所以現觀即是開悟。彌勒菩薩著有《現觀莊嚴論》，這「現觀」就是開悟的意思，就是空。

現空的行動，無為的行動，不執著而以無為法度一切眾生；以無為法而有差別，顯現外相的差別，就是空，是因緣所生，所以現空就是因緣：「因緣所生法，我說即是空，亦名為假名，亦名中道義。」所以什麼是空？現前的我們就是空，開悟的人看自己也是空。

空是什麼？就是因緣，所以把自己看空並不會因此而把自

己看死，反過來，把自己看死的人不大空哦，那是一種錯誤的想像。

因為了悟空性的人，沒有生死，只有緣起緣滅，不會有生有死。當下這一念，這一覺性，就是佛，清清楚楚，無二無別，現前放下，即無煩惱，當體即是。

「一念覺即佛，一念迷即眾生」，「不怕迷起，只怕覺遲」，這就叫行動力，而一般人「只怕迷起，不怕覺遲」，所以心就沒有動力。

現空的行動，一切無為，「如是滅度無量眾生，實無眾生得滅度者」。

現觀的行動，一切現起的因緣，生生滅滅。當我們的心解脫的時候，一切何等自在，正如同宏智正覺禪師所說：「水清徹底兮，魚行遲遲，空闊莫涯兮，鳥飛杳杳。」

山河大地，何處不自在，自在的不是我們的心而已，是山河大地自安住，這是曹洞宗的禪法，叫「東山水上行」，也就是「法界流行」，一切諸法現前流行，一切皆是現空的境界，這就是如如境。

在臨濟禪法中有一段對話：

王曰：師見性否？

答曰：我見佛性。

王曰：性在何處？

答曰：性在作用。

性在作用就是生活中的平常事，就像有一天，我早上起床照鏡子，發覺又新長眉毛了，這邊長出一根不受羈押的眉，那邊又長了好多新的眉毛，這生活中的平常事，就是性在作用。以體性的作用，來彰顯法身的自在！

密法闡釋這樣的境界，則是用：「自身心是如來，外境是佛母」來譬喻；這是解釋的差別不同，但根本上都是以一切顯像就是現空。

龍樹菩薩說：「因緣所生法，我說即是空，亦名為假名，亦名中道義。」這個假名的顯現，唯識宗、密宗都可以從此處產生，禪宗則是直接展現、直接摧碎自身的一切執著，現前即是。

所以，以無為法度一切眾生，以無所得度一切眾生，以無所得心行一切善法，這樣子即是般若波羅蜜多，即是現空的行動，就是菩薩的行動。

作事情的時候，就只有作事情，該作的時候就作，隨順如來覺性，作該作的事情，什麼時候去作？現在！當下！

第七堂課

·慈悲——圓滿生命的根本·

慈悲是最美麗的生命境界

愛心與慈悲心

「慈」是給予快樂，「悲」是拔除痛苦。慈悲跟愛不大相同，愛是有主體、客體，主體與客體中間的聯結點是愛；而慈悲是沒有主體、沒有客體，就是把痛苦拔掉，把快樂給與，這裡的慈悲與禪天天人所修持「四無量心」的慈悲又不相同，這裡所講的慈悲是菩薩的慈悲，是無我的。如果是「有我」的愛，再以佛法把它昇華處理，就可以將它轉化成無我的愛。但基本上愛跟慈悲還是有些意義上的差別，不過現在因為有些詞語的語意已經混同在一起了，所以也不須太執著在語意上而作強烈的批判。

佛法是什麼？佛法就是讓我們成為Nothing的東西。

佛法要甚麼用處？佛法是可以讓我們好好的吃飯、睡覺，跟我們的呼吸相結合在一起的。佛陀說：「生命在呼吸之間。」呼吸沒有了，生命就結束了，所以佛法不是口中說說，

慈悲是給予快樂拔除痛苦

是跟我們的呼吸結合在一起；也就是說，在任何時候，佛法就跟我們的生命完全連結。

佛法不是一種儀式，不是一種宗教，不是一種哲學，不是一種思想，而是——解脫的自身。

請不要被儀式，恐懼、生死……等所操控，佛法是要讓我們超越這些的。

為什麼佛法是讓我們成為Nothing呢？因為佛法就是要讓我們成為自由的人，佛法是要讓我們獲得自由的東西。

前面的六堂課，從正見開始，到發心、生活、禪定、福報、行動等，這其中二個東西最重要：一個是正確的看法，正確的見地，從正確的見地開始，產生真正的智慧；另一個是由發心、福報、行動到圓滿的慈悲。所以，將智慧跟慈悲的混合就是「無上菩提」。

現在我們所說的「菩提心」是一種簡化的說法，就原始佛教而言，菩提的分類有很多種，像聖者有三種類型，所以菩提也分為三種：一、聲聞菩提，二、緣覺菩提，三、佛菩提（無上菩提）。依聲聞道成就叫聲聞菩提，依緣覺道而成就叫緣覺菩提，依無上道而成就叫佛菩提，佛菩提也就是無上菩提心。

不過現在往往將「無上菩提心」簡稱為「菩提心」，這是名詞的演變，沒有太大關係，瞭解就好。

在什麼情況下才會發起無上菩提心？

發心是一種行動，第一是有慈悲的動力。第二是具足正見；沒有慈悲心，就不成為無上菩提心，沒有正見，也不成為無上菩提心。

所以，只有慈悲心而沒有正見，不能成就佛智，這就不是菩提心，這是世間的善人，雖然很多人都很有愛心，發善心做了很多好事，幫助很多人，這些人是好人，但善人不一定是菩薩，反過來，菩薩一定是善人。

菩提心可以分成二個內涵，一是度眾成佛，二是清淨諸佛國土。菩薩永遠作的就是這二件事，細分的講就是「眾生無邊誓願度，煩惱無盡誓願斷，法門無量誓願學，佛道無上誓願成。」這就是永遠的菩薩行動。

菩薩行動，或者說菩提發心的行動，其中的發心也是一種慈悲心，而行動力跟慈悲心也都有些關係，但這裡為什麼特別標出「慈悲」？因為由於我們發心與修證的不同，菩提是有次第的；龍樹菩薩對於無上菩提心的圓滿過程提出五種次第：發心菩提、伏心菩提、明心菩提、出到菩提、究竟菩提。

五菩提可分為般若道和方便道，這二道的提出，是緣於佛陀有如是的教化方式，有二套循環的教誨方式，就像《金剛經》裡面，前面十六品跟後面十六品乍看起來都一樣，但為什

麼一件事佛陀要講二次，因為發心的對象不同。

佛法是用般若智慧串成一貫，所以佛法談到世俗的智慧和出世的智慧，世俗的智慧是一般的聰明才智，在世間運用能夠創造幸運，讓我們很聰明。但是，在解脫上，世俗智慧卻使不上力；出世智慧這個智慧不關於聰明、也不關於IQ，而是關於煩惱。所以有煩惱的就沒有智慧，有智慧就能超越煩惱。

但是，我們如何讓自己沒有煩惱？或者換個角度說，我沒有煩惱，而又如何讓別人沒有煩惱呢？處理這個問題，阿羅漢和菩薩各有不同方式的面對。

就阿羅漢而言，他的心是：這是別人家的事情，事不關己，而且也是因緣的問題，有因緣就救你，沒因緣就算了，反正，煩惱也不會跑上自己頭上來。

所以，阿羅漢處理問題是很酷的，阿羅漢不是不度人，只是他認為：第一、如同佛陀說的他不度無緣之人，但其中對於有緣無緣的講法，更加趨向於無緣。第二、對阿羅漢而言，自解脫是最核心的議題，他不可能因為度化眾生而改變他的生活方式、生命方式，或任何他所要走的路，被他度化的人就一定要走跟他一樣的路。所以，阿羅漢在度眾的方便成分比較少。

但菩薩不同，菩薩的誓願是四弘誓願：「眾生無邊誓願度，煩惱無盡誓願斷，法門無量誓願學，佛道無上誓願成。」

菩薩所面對的課題，不只是沒有煩惱，而且是能夠解決眾生的煩惱，也就是菩薩的智慧裡面，必須包含度眾方便、擁有知識。

現在這個時代充斥著大量的資訊，但資訊不一定是知識，因為資訊裡包含真知識和偽知識，而真知識裡又分成有用和無用的二種知識。

而且智慧不一定是知識，但菩薩必須擁有智慧的知識和有知識的智慧，不過，過於龐大的知識量有時候會對智慧本身造成負擔，雖然菩薩應該廣聞一切法，但廣聞一切法有時對修行是一種負擔。

像現在藏傳佛教很流行多寶灌頂、一切本尊灌頂，各教派如薩迦派、噶舉派、紅教……等都很流行各種繁多的灌頂，格魯派比較少，因格魯派要到格西以上才學密法，比較嚴格。但如果真正需要灌的頂，而且想要得灌，最殊勝的灌頂就是：「大家都是佛！」

說真的，我們就是佛陀！我們是法身。為什麼是「法身」？因為體性現前空寂，所以不可能我們不是佛，如果我們不是佛的話，法身如來是不能建立的。

具足法身如來，即具足報身成就，一切法海全部現前，全部現成，全部是我們自身。這一切如來都是我們的化身！我們

是諸佛的化身，就是以現前的身心，來教化一切眾生，圓滿成佛。所以，我們是法身、報身、化身、三身圓具。在什麼狀況裡能夠三身圓具呢？在沒有分別的心中即能圓其三身。

如果需要以教派分別，如是寧瑪派，就是成就普賢王如來；如是噶舉派，所成就的是金剛總持。如此也就諸尊成就了，與這有緣的所有諸尊現起。

把這些本尊介紹給大家就是諸尊成就。十方有無量無邊的諸佛，像白教成就法海灌頂三百多尊本尊，薩迦派密法總集有五百多尊，這些都是有緣傳授過的法。然而事實上虛空寶庫中的法有多少呢？答案是無量無邊！

什麼是虛空寶庫？虛空就是虛空，就是Nothing，就是沒有；「有」的意思就是緣起。

「灌頂」是什麼意思？灌頂的真義就是開悟！得灌就是開悟！有人以為灌頂是允許開始學習，但其實得灌頂就是法王子位，所以灌頂應該是開悟，以心傳心就是見明體。

所以，請大家記得我吧！從現在開始生生世世不要忘失我，如果大家忘失我，也沒事，我不會忘失大家的。雖然我們生生世世身份不同，且讓我們以本來面目相見，以「普賢王如來自面」相見。

以上這些話，最主要是讓大家有真切對法的感受，讓金剛

心現成，見者自悟，開悟之後就可以丟掉了，因為「有心開悟，悟者無心」。

慈悲不是情緒

發心是發無上菩提心，發起圓滿眾生成佛，莊嚴諸佛淨土的阿耨多羅三藐三菩提心。這發心一定包含要有正見，除了對空性的正見，還要加上佛菩提的正見，這裡也包括了圓滿眾生成佛及莊嚴諸佛淨土的心。所以作為一個菩薩，除了不能墮入情緒外，千萬不要忘了悲憫。

在2006年美國發生紐奧良的大水災，這事件令人感覺到難過，這似乎是電影「明天過後」的呈現。現在整個世間的運作速度越來越加快，也就是業報的反彈速度越快，而這是共同的因緣所形塑而成。

當然，這只是一個很淺薄、立場不是那麼鞏固的簡單的分析，這次為什麼會發生五級颶風？基本上，現在大家有一個共同的基本觀點是：地球暖化！美國到現在為止仍不肯簽下「京都議定書」，也就是它仍不願管制二氧化碳的排放量。其實美國現在是全球消耗能源最多的國家，而且它們想繼續使用地球作為消費，這個舉止是不義的。

現代的菩薩要關心環保議題，而不是關心二千五百年前印

度人的生活問題，要關心的是現代世界的問題。環保問題其實是因緣法，美國擁有這次淹水問題的相關因緣資料，這次淹水問題如果要防範，應該三十年前就要開始著手。

我曾提出無我的環保、三世的環保觀，什麼是三世環保觀？這是因為我們還會回來使用這個地球的環境和資源，所以三世環保是我們對地球的責任，對生命的責任，是菩薩的悲智觀照，也是自我的提昇，是一種責任，是佛法落實在現實生活裡面的運用。

發心一定含有正見，但具有正見並不一定開悟，但一定有正確的方向，因為要趣入佛菩提，發心是要邁向成佛之路，發心如果不是為了要成佛，那一定是世間的發心，不是佛法，菩薩發心是為了要成佛，要發心成佛才可稱為菩薩。

發心圓滿眾生成佛，莊嚴諸佛淨土，還要有正見的方向，這才是發心的完整內涵。發心完了之後，還要增長這個發心，雖然這個心是空的、不能執著，但還是要不斷的實踐、不斷的行動，不能執著而停滯，因為發心是每一個當下的，所以不斷的相續、空的相續。

但這時候會有一個問題，因為此刻的我們還是一個凡夫，當我們發心完了之後，馬上會有煩惱的阻隔，就好像月亮被霧遮蔽一樣，這個煩惱會障礙我們的心與無上菩提心相應、與

空性相應、與智慧相應、與悲心相應，所以要修持「伏心菩提」，降伏自己的心，使自己的心安住在無上菩提，去除煩惱而安住於菩提心中。

發心菩提和伏心菩提都歸屬在世俗位，但是有悲心作驅動力而趣向於智慧，當智慧增長的時候，又有二條路徑，一條是自證解脫，另一條是不取自解脫，而用智慧增長慈悲心的菩薩行。

伏心之後，沒有煩惱即獲得開悟，也就明了自心，明白自己的心，這時的心叫明心菩提或勝義菩提心，這時已經是明了空性，也就是如《心經》所說：「色不異空，空不異色，色即是空，空即是色，受想行識，亦復如是。」色不異空，空不異色，受、想、行、識等，即是明心，明白自心是空性，所以稱為「勝義」。

不斷增長慈悲心

要了知任何的悲心都不能執著，只有不執著的悲心，悲心才能再增長；所以空愈大，悲愈大，同時悲愈大，空愈大，這是空悲不二，也就是悲智不二，悲智雙運的意思。

一般說空沒有大小，是有二個意思，一是完全實證的空，即佛陀的實相境界；二是羅漢的空境，因為羅漢的空不會變

大，只有自我解脫。

所以，這階段的明心是「勝義菩提心」，也就是「色即是空」，但這時的明心菩提是前面發心菩提的結果，而現在這明心菩提又要轉成下個階段出道菩提的發心元素；也就是這時明了「色即是空」的開悟，又變成了下個階段開展「空即是色」出道菩提的基礎元素。

為什麼開悟明心之後，還要邁入出到菩提開展菩薩行？

因為「般若將入畢竟空，絕諸戲論」，開悟之後，若停在這階段不再前進，就會趣入涅槃，所以菩薩有所謂的「沉空大難」，這個還比核子彈爆炸還糟糕，所以菩薩寧可下地獄也不要沉空，因為在此會入於涅槃，所以菩薩悲心要鞏固，因為悲心是成佛的動力。

有了悲心，就進入「般若將出畢竟空，嚴土熟生」的階段，依出到菩提開展如幻三昧及後得三昧，在一切世間受「如幻三昧」，後得三昧可以在一切世間出現、廣度眾生，也就是「千江有水千江月」，也就是觀世音菩薩的三十二應身「應以何身得度者，菩薩即現何身而為說法」，只是三十二應身是觀世音菩薩特別顯徵，任何菩薩到達這境界，都有這樣的力用，這種度生的大用，就是「出到菩提」。

出到菩提是度眾圓滿之後，發現真正的菩提心：一切眾生

原來是佛。這是真正究竟的大悲心，也就是「究竟菩提」。

　　一切眾生原來是佛陀，本無煩惱，一切現成，這叫「成佛」，所以成佛是現觀一切眾生都是如來，佛陀與眾生同體不二，無有差別，這也就是智正覺世間、眾生世間、器世間三種世間圓滿成佛，而這個成佛的過程，也就是菩提心的開展過程，也是智慧與慈悲的增長過程，既是增長也是淨化的過程。

　　所以，貫穿整個佛法的是智慧，不共的大乘佛法就慈悲，大乘佛法就是慈悲跟智慧的增長淨化的過程，先增長後淨化，先模擬後實踐。

慈悲的擴大開展

　　慈悲是一種圓滿生命的過程，慈悲的開展是先從自己開始，然後擴大到他人，然後再昇華及淨化。

　　「淨化」是指不可得、無所有、清淨，任何的可得都會造成染污，所以慈悲必須是不可得，也就是不可得的慈悲，不可得就是同體，這樣的慈悲就是無緣大慈，同體大悲。

　　生命是很實在的，因為它是因緣所生法，因為它是空性，所以生命的展現就會實實在在；如果它不是空性，而是常的、是固定不變的，它就不須要實在，因為實在是當當下下現空的，是因緣所生的，是剎剎那那之中不斷的演變，不斷的變化，若實在是「常」而不變的話，那生命的創造與展現，就非關於人的意志、見解、福報、修行，非關於人的一切作為……等等。

　　就像我們為了要取悅神，只要遵照神的話作就可以取悅他；然而神對我們而言是不可知的，所以我們想像是在取悅他，卻與他的想法不一樣，這樣的生命就會變成跟神一樣不可

動搖，不可改變，一切的努力與奮鬥會變成跟生命的開展毫無瓜葛或關連。

然而生命的實相卻不是如此，不要用顛倒夢想的心思去看這事，因為我們看到的跟實際剛好相反，我們的本能是執著「常」的無明想像，這是把我們直接推入輪迴當中。

所以，我們必須很如實的面對生命現空的當下，認清這一切是因緣所生的生命現實，如此，我們才能真正作出跟自己有關的改變、增長慈悲的，了悟自己心性而達到最大的幸福。

什麼是最大幸福？度一切苦厄，不再有煩惱，在生生世世、生老病死的一切變化當中，不再有障礙而能超越，擁有完全的自由意志，就是幸福。

所有的輪迴苦厄都是自作自受的，必須自己扛起來，自己去改變、圓滿，這才是如實的生命態度，這種生命才活得過癮，任何人的生命都不是操縱在佛、菩薩，或任何什麼人的手上，而是在自己的手上！

以前有人告訴我：「哎呀！我的慧根不夠，只能念佛，依仗他力求往生。」我告訴他說：「你說自己慧根不夠，你怎麼知道？那你有神通！否則你怎麼知道。」

要了解一個人的慧根是需要大神通的，以前佛陀在世時，很多阿羅漢看來像是沒什麼慧根的人，但是佛陀卻說：「這個

人在過去無量劫前，曾因某個因緣而大聲念『南無佛』，以此慧根因緣，此人此世當證阿羅漢果。」

所以，不要說自己慧根不夠，因為慧根是空性的，每個人的慧根都跟佛陀一樣的好，沒有比空性更高的慧根了。第二個問題是他說要依仗他力，認為像禪宗都要靠自力，他沒有辦法，只好念佛靠他力，聽起來好像念佛是低能兒在作的修行。

其實剛好相反，禪宗是靠他力，而淨土宗念佛則是靠自力。這樣的說法是有道理的，如果修禪的沒有禪師的指導，憑自己胡搞瞎搞出來的結果，就是野狐禪。

有一次，一個學生跟我說：「老師，有一個禪師好厲害！」

我說：「多厲害？」。

他說：「他已經可以呵佛罵祖了！」

我說：「嗯，這個人功力夠炫，他已經可以下地獄了！」

學生聽了馬上變臉道：「喲！老師，你怎麼可以這樣講？」

我說：「他可以呵佛罵祖了，但佛祖的功德是最大的，而他這樣用雞蛋碰石頭不就可以下地獄了？」

「那禪宗不是都講『呵佛罵祖』？」學生反問。

我的回答是：「禪師每一個人都講呵佛罵祖，但有哪一

位禪師講『我呵佛罵祖』的，那些禪師都不蓋印章絕對不講『我』，因為那些禪師是無我的呀，既然無我，誰下地獄？所以沒人下地獄，唯一就是佛祖倒霉被罵了。」

這個「呵佛罵祖」是有典據可尋的，《金剛經》裡：「若以色見我，以音聲求我，是人行邪道，不得見如來。」所以呵佛罵祖是罵那些執著「佛」的人，這基本上是無我的，所以沒有一個我，怎麼會有一個我去呵佛罵祖呢？這只是祖師在顯示他的境界，而有境界、有一個我也是野狐禪罷了。叫很多裝模作樣的修行人都是在作同樣的事情，都在想作野狐，其實不管是禪宗的、密宗的，任何宗派都有很多人在搞野狐，只是搞的早一點，或慢一點變成野狐罷了。什麼是野狐禪？直接講：不落因果就是野狐。

有一些人有點修行之後，就想不落因果；認為因果都是為別人設的，而自己是諸佛總持，比佛陀還偉大，所以因果也就不會套用在自己身上。而卻表現出來的行為都是為了眾生，因為慈悲而忍痛手戴勞力士錶，又自圓其說自己為了眾生需要，而慈悲的面對。這樣的說法是不是有點熟悉？

假若我告訴大家：你們是佛。意思是大家都是佛陀！很多人聽到我這樣講他是佛之後，心中馬上想：「我是佛，大家來拜我！」這就是野狐；如果他的想法是：「我是佛，我是空

性，同體性空，大家都是佛，所以我禮拜一切諸佛。」這就是修行人！

慈悲圓滿我們的生命

所以，聽到「我是佛。」知道一切眾生是佛陀時，應該心生慚愧、心生悲憫、心生尊重；如果我們心生慚愧，就變成常不輕菩薩，必將成佛；假若生起的是平等心，一切大眾平等，尊重一切眾生，全面現前現觀是佛，就成為毘盧遮那如來，這才是最後的灌頂！這就是「無有少法可得，是名阿耨多羅三藐三菩提。」

所以，如果有人說慧根不夠，這是讓我難以理解的，因為眾生都有佛性，學禪之所以要依仗他力，是因為沒有禪師指導，禪者無以開悟而求印證；但念佛的人是自己念佛，如果沒有自己誠誠懇懇的這一念心：「南無阿彌陀佛！」是心是佛，是心作佛，如何成就阿彌陀佛！

是用誠懇的心，心心念念跟佛陀相應，如果沒有把心放空，阿彌陀佛如何入我們的心，假若沒有把心完全放空，阿彌陀佛又如何從我們的心中顯現？如果不了解阿彌陀佛是空，我們的心如何在阿彌陀佛的心裡顯現？兩者如何落入而成為清淨的佛土，又如何在當下之間往生極樂世界？而且極樂世界從此

西去十萬億佛土，我們要坐什麼船去呢？

十萬億佛土是多廣大的距離？一千個太陽系是一個小千世界，一千個小千世界是一個中千世界，一千個中千世界叫大千，三千大千世界不是三千個大千世界，三千大千世界就是十億佛土。

太 陽 系×1000＝小千世界
小千世界×1000＝中千世界
中千世界×1000＝大千世界

這麼龐大的距離坐太空船要幾個光年？經典上都是寫剎那之間佛陀來迎，除非佛陀從我們的心中跑出來，否則怎可能會如此迅速。

所以，我們跟極樂世界最近的距離就是我們的心，我們的心跟阿彌陀佛沒有距離，跟極樂世界沒有距離，因為「十方世界，唯有一心」。

我告訴大家這個秘密，在經典中不是很明顯，在《楞嚴經》中的二十五圓通，其中有〈大勢至菩薩念佛圓通章〉，阿彌陀佛教大勢至菩薩念佛教了十二劫，每次教他念佛，他念一念就跑掉了，這代表大勢至菩薩是逃學大王嗎？其實這真正告訴我們：阿彌陀佛永遠沒有離開我們，準備隨時隨地接引我們。

阿彌陀佛永遠準備接引我們，他從來沒有離開過，這就是阿彌陀佛最大的秘密。

　　因為阿彌陀佛的心太軟，太慈悲了，他永遠沒有一念、一刻、一絲一毫捨棄眾生，他永遠在那裡等著我們開口，等著我們把心打開，心裡面誠誠摯摯的。阿彌陀佛就在那邊等待著我們，南無阿彌陀佛！

　　這是阿彌陀佛的大祕密，是念佛人要謹記在心！

　　當然，不一定要選擇去極樂世界這條路，但是對十方一切念佛人，說出這一切密中之密，就是阿彌陀佛從來沒有一念、一刻、一絲一毫離開過我們，從來沒有在空間上有任何的距離，甚至任何地獄眾生、無間地獄的眾生，一念跟他相應，一念念佛，就入於佛陀的本願。

　　所以，諸佛是以願力成就，願力就是悲心，發願、發心是願力，菩薩的行願是行願，阿彌陀佛現在是圓願，圓滿願就成佛，以圓願來成就。所以「觀自在菩薩行深般若波羅蜜多時」，以圓滿的智慧回來實踐，以圓滿的願，來實踐在我們的因位上。

　　對阿彌陀佛而言，我們是因位的阿彌陀佛。金光晃耀，如來現成，這是阿彌陀佛一個廣大的悲願，現在我們至心一念：「南無阿彌陀佛！」一切都圓滿。

「願」有三個次第，一個發願；二是行願，是願與實踐結合，就是所謂菩薩行願；三是圓願，也就是願圓滿，如藥師佛圓滿他的十二大願，阿彌陀佛圓滿了四十八大願，圓願就一定是成佛了。

阿彌陀佛用圓滿的願力來實踐在因地我們的身上，所以對阿彌陀佛來講，我們就是因地的阿彌陀佛。諸佛如來是法界身，入一切眾生心想中，是心是佛──佛入於我心，是心作佛──我入於佛心，一切大圓滿的密意也是這個。如果了悟是心是佛、是心作佛、入我我入的道理而成就，就是阿彌陀佛！乃至成就十方諸佛！

所以，不要怕發心、發願，就這樣發起來就是，發願不能圓滿，就以無窮的生命來圓滿這個願望吧！

慈悲能夠讓我們的生命真正美麗起來，真正圓滿起來，智慧讓我們的生命真正透澈起來，真正光明起來。

相續的慈悲力

慈悲是一切智慧的基礎

般若是諸佛之母，般若是智慧的意思，密宗將之形像化就成為般若佛母，因為諸佛是般若出生的。所謂「三世佛母妙吉祥」指的是文殊菩薩，因為文殊菩薩教導諸佛般智慧若。如果般若是諸佛之母，那麼慈悲便是諸佛的祖母。

慈悲是大乘不共法，因為當我們以般若之路趣入佛法時，有二條路徑可以走：一是自解脫，自覺的路；另一是自覺覺他，自利利他的路。

自覺自解脫是智，覺他利他是悲心，所以悲心是大乘不共法。

當我們走在同樣都是般若自覺的道路上時，這二種自覺是不是蘊含相同的內涵呢？這是我們須要去辨認清楚的。表面上看起來他們的般若智慧是一樣的，但像經典中「三獸渡河」的譬喻，兔子渡河從河面而過，大象渡河窮底而行是不同的。

也就是單純自解脫的智慧跟含藏慈悲的智慧二者實有不同；換句話說，我們在追求般若智慧的過程中，會分出二條修學的路徑，而我們會面臨不同的抉擇，但這是解脫的過程會出現的狀況，因為到最後整個大乘佛法又揭出「一佛乘」的終極宗旨，而告訴自解脫的行者，其所選擇棲止之處，其實只是化城，真正是「唯一佛乘」；所以自解脫的智慧是不夠的，只有悲智雙運的智慧才是真正圓滿具足解脫的智慧。

所以，任何大般若的產生，本身必須有大慈悲作基礎。慈悲是一切智慧的基礎，也是一切智慧的增上力，因為只有廣大的慈悲，要幫助一切眾生成佛的慈悲，才能夠讓我們在追尋般若的過程裡面，不曾棄絕任何對眾生有利的法門或有利的力量；反之，在學習的過程裡面，會只盡力於跟自解脫有關的，而把無關於自解脫的，自然而然都捨棄掉，如此的學習便不能廣大而落入偏頗。

然而自解脫之路看起來好像是捷徑，實則是遙遠而且迂迴的，我們不能夠直接趨入般若的三昧；反而先發起慈悲心而入於般若道。因為有慈悲心為智慧增上力的緣故，般若智慧得以迅速得大力增長，因為般若智慧加入慈悲，就像二種東西相融在一起並產生化學變化，結果得到般若大力增長。所以，慈悲是諸佛的祖母。

慈悲是般若的至妙法門

當我們認知慈悲是獲得不共般若的至妙法門，或成佛威力的至妙法門時，注意在修行過程，千萬不可把悲智切割分離。

一切智慧一定是悲智混融一起，才是真正智慧；因為只有理性、只有智慧，它的力量是不夠的，必須加入悲心，讓慈悲跟智慧聯合在一起，才能真正驅動，而讓我們的心趣入更深的究竟，更高的悟境。

用另一種比喻來進一步說明悲智雙運的妙用，就是如果我們要用一種東西來除掉自己心裡的煩惱，智慧是最好的方法；但是，慈悲加上智慧去除煩惱的能力，比單用智慧多好幾倍，有相乘的效果。對自己的煩惱如此，對他人的煩惱更是如此。

處理生命中的煩惱，很多人以為僅靠理性分析，其實這還不夠，還要對自己慈悲，能夠如此，我們的煩惱就很容易拿掉了。

請問大家對自己夠慈悲嗎？

如果我們心中的煩惱是一塊石頭，而智慧是一種力量，我們要用這個力量是硬把煩惱搬走，但是如果加入慈悲的軟化劑，這塊石頭就忽然變成液體或粉碎的小塊了，很快可以把它清走，不會有搬不動的問題，因為有煩惱一定是我們要叫煩惱成為沉重的。

所以，對自己慈悲一點，對煩惱的解決更有力量。但要認清楚：慈悲不是放縱，也不是自戀，而是讓自己的心更柔軟。智慧的發展如果沒有兼顧慈悲的話，這個智慧有時會變的很乾澀，反過來，充滿慈悲心卻沒有智慧的話，這個慈悲會變的很浮濫，所以，只有慈悲跟智慧加在一起才是最好的。

同體的無緣大悲

　　「慈」是予樂，「悲」是拔苦，大慈大悲在經典裡一般講的就是佛，就是能給予快樂，能拔除痛苦。所以是「能」，是有能力的，所以是佛力。

　　而菩薩可以說是假名為大慈大悲，是副教授，只是一般人就直稱為教授，真正的大慈大悲只有佛陀。希望這種定義方式，可以幫助大家真正了解什麼是大慈大悲。

　　雖然文字本身是粗糙的，而且文義又會隨時空因緣轉變；但我很喜歡以「無緣」來定義大慈，用「同體」來定義大悲；同樣的，我也很喜歡用「大慈」來定義無緣，用「大悲」來定義同體。

　　慈悲有三種，「世間緣慈」的慈悲屬於世間的，是「眾生緣」，這是小悲，就像是我們關懷世間眾生，看到世間眾生的勞苦，而發起慈悲心，是緣於世俗諦的；這是我們初修學佛法

時所依止，依止於世間眾生而生起慈心、悲心。

假若依於法而生起慈悲心，是「依於法而緣意」，是屬於中悲的，第三「無緣慈」是諸佛的無緣大悲。

「無緣」是求一切因緣不可得，是推求一切眾生因緣不可得，也就是不依止任何有限性的因緣而生起的慈心，這慈是無盡、無量、無邊、不可得，無盡，無量、無量、無邊的意思是廣大，無量是廣大義，也就是空，如果用英文來理解，Nothing等於Nothingless，因為連Nothing都不可得，連空都是要空掉的。

「無緣」緣不可得，求一眾生而不可得，推求一緣不可得，所以無緣就等於同體，既然一切同體，一切無緣，連「體」也是不可得！

所以一切不可得，一切空義，空而同體而無緣，而顯現一切因緣，這就是實相。

所以「實相」是全面的張顯，空是定義其內容，「不可得」定義其能得與所得，「無住」是我們心的作用，這不同的語詞都是用來說明法性的多面向。全佛法性，全佛法身，全部都是如來。

所以，無量的語詞都在展現我們的心的實相，心的實相就是心不可得、心不可住、境的實相，「境」即是「心」，

「心」即是「境」，所以境不可得，境如心，心如境，心境一如，這個就是如來。

無所從來，無所從去，如中行來，如中行去。

「無緣」張顯了完全的行動力，因為一切眾生不可得，所以無緣是緣不可得而大慈，所以超越一切緣起的相對性。這樣的慈悲心是佛的慈悲心，叫「大慈」。

「同體」就是摩訶般若即大般若，從同體裡面彰顯出來的是一種修法，最究竟的修法。

所以不要小看這文字或名詞，佛的名字，菩薩的名字，就是修法，「無量光佛」就含有修行的意義；法門的名稱就指涉決定了它內在的最究竟修證。

所以「同體」、「無緣」本身蘊涵著絕對的般若意義，「體」不可得，名為同體，所以是現空，也就是現前觀空，所以「同體」就變成智正覺世間、眾生世間、器世間三世間一切同體，也就是毘盧遮那佛，這就是為什麼毘盧遮那佛又稱為三世間如來。

日本的東大寺供奉一尊身上刻滿了宇宙眾相毘盧遮那佛，表達的是毘盧遮那佛成就了宇宙所有諸佛的智慧，一切眾生都現觀成佛了，所有的器世間都是他的身體。這樣的佛陀，他觀眾生是什麼？一切眾生都是佛陀。所以最大的慈悲就是觀眾生

都是佛陀，觀自身也是佛陀。

在如幻中實踐慈悲力

　　佛陀是什麼呢？是空義，是實相義，是同體義，是不可得義，所以觀也是空！能觀是佛，所觀是佛，觀亦是佛！一切現觀是佛，法界一切都是佛，眾生是佛，這就是同體大悲的真實義，也是無緣大慈的真實義。

　　所以，在實踐執行的過程裡面，我們在圓滿這種過程裡面，實踐如幻的拔除痛苦，如幻的給予快樂，這就是大慈大悲，這個慈悲力就是生命願景的相續行動力。

　　我們的生命首先要以正見清楚的認知我們生命的事實，接著是發心、生活、禪定，用廣大的資糧來積蓄福報，然後行動，相續的行動就是慈悲力，以般若智慧來照澈，用慈悲相續來行動，進而圓滿生命的願景。

　　接著，在這樣慈悲相續的行動裡面，我們的三昧耶身就誕生了。在慈悲中出生的身體就是三昧耶身，三昧耶是誓句、誓願的意思，以誓句成身、以誓願成身、以悲心成身，從慈悲中出生，從我們的悲願中出生，從平等中生，就是三昧耶身，從此以後，三昧耶誓句就成為我們的菩提鎧甲。

　　菩提鎧甲很重要，它可以守護我們的心，讓我們在發心退

墮時守護著我們，可以讓我們悲智增加，可以讓我們在困頓的時候能夠增長。

在人間哪一個菩薩不困頓呢！雖然菩薩是具足福德的，但哪一位菩薩願望完成了？菩薩若願望完成了，他們就佛土成就、眷屬成就，但是沒有如此啊！所以只好繼續做下去。但是，以什麼來護持相續呢？就是菩提鎧甲、三昧耶身，來守護我們的心，守護我們的身，守護我們的語。

所以，在慈悲中出生，在慈悲中相續，在慈悲中圓滿，這就是成佛的過程。

第八堂課

・智慧──覺悟之母・

智慧圓滿我們的人生

這是最後一堂課，再來就準備成就圓滿的生命了。

成就圓滿生命的最高境界就是成佛了，成佛一事似乎很難，但這要看我們從哪一個角度來看。

如果我們從成佛的那一剎那來說，成佛不難；最難之處是我們不能下決定，不是說成佛的境界困難，難的是我們自心的糾纏，讓智慧沒有辦法現前；而所謂的難易，一旦想清楚了，事情就沒有那麼困難；不斷的糾纏就永遠有困難的存在。

什麼是般若智慧？

智慧用梵文來說是prajñā翻譯成中文是般若，不論講智和慧或般若，總是伴隨著很大量的定義。

有些人說般若不等同於智慧，這都是看我們如何去定義。很多人說梵文prajñā不是中文「智慧」的意思，而是有它特別的定義；然而梵文既然成為一種語言，這語言它就是活的，所以它被昇華、定義而改變原本的意思，因為這是「空」的般

若化過程。

文字在昇華流轉的過程中，語詞總是被賦予新的定義的，甚至被世俗化，這種詞義的流轉改變，總是不斷的在發生著。

所以，對於般若或智慧的語意，我們可以持開放一點的態度，不要那麼執著，說這個字的定義一定是什麼；重要的是，這個字的背後的真正智慧，在佛法中對般若義的認知，而不只是般若表面上的字義。

我們有沒有般若，可以將心、境（一切的存有）、空這三者放在一起看。我們對一切的存有產生執著，就沒有般若；相反的，我們對一切的存有沒有執著，我們無住或無執，就會產生般若。

我們看待一切萬象萬物是空的、是無常；我們對自身的存有，對待也是無我的，既然是空、無常、無我，我們就不會有執著。

再從外境去看，既然一切是無常、無我，是空，那一切就是不可得；所以既然外境萬事萬物都是不可得的，當然我們的心就沒有執著，因此我們的心就有智慧了。

了解這些事實之後，佛法的修行就進入兩大系統，一個系統是從「境」去趨入，去了悟一切不可得，另一個系統是從「心」去趣入，使心完全無住、無執，當我們修鍊自心到達完

全沒有執著的境界，我們面對萬境萬物時就不會去執取；我們體悟到萬境萬物都是空，都是不可得的，所以，我們的心自然遠離煩惱。

煩惱、無明與智慧

有執著就會產生煩惱，沒有執著就沒有煩惱，沒有煩惱就有智慧產生；有智慧的人就沒有煩惱，因為煩惱是執著的產物，沒有煩惱就解脫了；解脫是什麼？解脫就是自在、自由、自主。

解脫是從哪裡解脫？從「我」、從「法」中得以解脫、自在、自由、自主！解脫之後的自在、自由、自主就是涅槃；涅槃是完全寂滅，所有境界都是寂滅的；什麼是寂滅？生滅已經是不可得了就寂滅；什麼是淨？一切不可得，心無執、無住，自然沒有煩惱，不就是淨嗎！

我們可以從心跟外境來看，涅槃是從我、法中得到解脫，得到自在、自主；但涅槃並不是說什麼都死了、都停滯了？或消滅了，它只是講到煩惱消失了、執著消失了，涅槃讓我們解脫；而解脫是死亡嗎？解脫跟死亡、停滯、一切都沒有無關，只是我們所有的煩惱消失了。

如果這樣了知、體解佛法，那麼我們所理解的佛法就是正

具有智慧就沒有煩惱

見的佛法。這樣的佛法是活的佛法，是有用的佛法。

因為不管我們在什麼地方，就算我們在地獄受猛火炙燒，承受極大痛苦，但我們還有一顆清明的心，不會被這苦境所轉，所以就能離苦得樂，如果我們沒有清明的心，就輪轉下去。所以，事情是很清楚單純，明了此事就是智慧，就是般若。

假若我們強烈的強調自我的解脫，就是小乘法；假若我們追求自我解脫，諸法都圓滿的解脫，自我和諸法二者都圓滿的解脫，這就是大乘。諸法也就是「眾生無邊誓度，煩惱無盡誓願斷，法門無量誓願學」，這個「法」的得到解脫，要度眾生。

智慧之眼

什麼是五眼？五眼分別是：肉眼、天眼、慧眼、法眼、佛眼。

肉眼──一般人看物的眼睛。

肉眼可見的境受限於大小、遠近、物質的精粗跟微細，其功能受到限制，例如肉眼只能見可見波長，X光便看不到，太小之物看不見，巨大之物搞不清，極遠之物只能見輪廓（如遠山見山不見林）等。

天眼——能看到極遠、極微、極廣大，為世俗人之眼所看不到，也就是眼見的另外一種境界，或者說能夠追尋最廣大、最遠、最透澈的一種極致，也就是眼的功能的開發。

天眼不同於肉眼，其功能遠超於肉眼的限制，能窮盡物質境界的底蘊。但肉眼、天眼兩者功能，只屬於提供資訊範圍，但沒有提供任何情報智慧，兩者皆不關智慧，只是提供眼睛的功能。

慧眼——不只是一種有眼睛的功能，它是一種智慧，慧眼的功能以慧來談眼。

慧眼是我們看到東西時不會執著，從不執著中解脫，就是慧眼。阿羅漢具有慧眼，因為他自我解脫了，他能夠看到法的總相，但他看不到別相。

法眼——是能夠看到諸法的總相是空、無常之外，依諸法因緣眾相也能見到。法眼也就是菩薩之眼。

總成慧眼、法眼的完全圓滿叫作佛眼。

慧眼不是說你有一個慧眼，請問慧眼是活的，還是死的？它是有功能的，還是就是一個東西？

慧眼是能用的，不能用的不叫慧眼。慧眼裝在哪裡？慧眼是裝在我們身上的，就是一個活生生的人、一個解脫者他看到一切東西都沒有執著，就是看到東西完全沒有執著！沒有執著

就叫具有總相的智慧；就是對一切總相沒有一絲一毫的執著，而從諸法中得到解脫了，從諸相中得到解脫了。

對於「我」不生起執著，雖然不知道諸法的因緣，但是沒有執著，就是從煩惱中得到遠離，從總相的諸法（不是一一細別的法）中得到解脫就叫「慧眼」，即成就阿羅漢聖者，或者說這慧眼如果是定義到精微之處就是阿羅漢，否則就是初果、二果、三果、四果，至少是開悟之眼的初果以上的聖者，在大乘就是初地菩薩以上的聖者；精微之處就到阿羅漢或是緣覺。

所以，慧眼是活的，是能用的，慧眼不是說我具有一個叫慧眼的東西，而是看到東西不執著就叫慧眼，它是有用的，它不可能裝一個慧眼，然後萬境皆寂；如果說他有慧眼，然後說萬物都沒有，那這慧眼作什麼用？這可能就有問題了，這不叫「涅槃」。具有慧眼，然後萬境都沒有了，這是「非想非非想處」的境界。

現在有很多新時代的一些學者，他們學了各宗各派的東西，然後寫下來告訴我們，這是解脫、涅槃，或者什麼……，我們真的必須要用慧眼去觀察，否則它明明在跟我們講禪定之眼，對於境界最微細執著，但是大家看不出來，為什麼？因為它是看起來沒有執著，就像一個人他說：「我感覺什麼都沒有。」很多人在打坐完說：「老師，我剛剛感覺什麼都沒

有！」我說：「你感覺什麼都沒有，你一定有一個感覺叫感覺到什麼都沒有！」這不是寂滅之眼，不是真正的超越生滅之眼。

所以，境寂心也寂，入於寂滅，即「東壁打倒西壁」，表示相對待的雙邊泯然相合，是境跟心都寂滅。所以這時候，不會有一個孤單的慧眼，也就是說不會有一個境界在！但是，慧眼是活生生的活在我們面對外境。

生死已滅，入於寂滅，就是另外一個非生非滅的狀況、不生不滅的狀況！那時候就用不著頂上頂著一隻眼去看萬境皆無的狀況。明白的說，這樣的心就是無明心的起始，他必然會再落入輪迴。

所以無明由此開始產生分別對立，因為他有一個跟外界分別的真妄對待！

法眼是活生生的活在我們身上的眼，也是萬事萬物現現實實的存在，而在因緣中變化，這個世界是再真實不過的。以下是我和學生之間的對談。

真實與虛妄

學生說：「老師，你講的話跟佛法相違」。

我說：「為什麼？」

「你說這世界再真實不過了，佛法不是說這是完全幻化嗎？」

我說：「對呀！就是因為完全幻化，所以每一個當下都那麼真實呀！如果一切都不是幻化而是實有的話，現在的真實跟過去的真實跟未來的真實三者有什麼差別？為什麼要真實？如果永遠是不變的話，真實跟不真實對我們來講是一樣的，我們就變成完全停滯不能行動的人。所以，對我們來講，每一朵花都是那麼鮮艷，或是那麼枯萎，這不是最真實的嗎？夜來香是那麼的香，但真正聞到夜來香的人是誰？」

學生說：「啊！我聞到了。」

我說：「那是你用過去心識轉動了現在的影像在作的事情，真正聞到夜來香是過去心不可得、現在心不得、未來心不可得的人！真正三心不可得的人絕對不會去偷法界的香來聞的，這犯了竊盜罪！」

學生說：「這話講的很嚴重！」

「對呀，因為禪戒是怎麼告訴我們的？它說在這生滅不可得的法界當中，生起一念生滅之見就叫做殺生，生起一個可得之念就叫偷盜，這個是佛戒。」我說

我最主要說明的是，這是最現實不過是牽涉到肚皮的事情，明顯的告訴我們：什麼是真實，什麼是虛幻。

當年有一位和尚，這位和尚是《金剛經》專家，他住在四川，聽聞天下有很多人都在講禪，就是「見性成佛，直指人心，當下頓悟」，他很不服氣，想自己修《金剛經》修了這麼久都沒辦法頓悟，怎麼這些魔子魔孫可以如此猖狂，於是挑著「青龍書鈔」出四川要去擊潰他們。

　　這位先生就是有名的周金剛，專門講《金剛經》，但是他運氣不大好，一出四川不久，就感覺肚子餓了，剛好路邊有個賣點心的，是位老婆婆在賣點心。於是周金剛就走過去了，二話不說就把擔著「金剛經書鈔」的書擔放在一旁，大剌剌地坐了下來。

　　老婆婆是個很善良的老人家，看到師父來了就趕緊過來打招呼雙手合十問訊並說道：「師父啊，請問您挑著這麼重的擔子，裡面是什麼裝著？」

　　「金剛經青龍書鈔！」周金剛答道。

　　「好了不起，師父對《金剛經》一定非常通達！」婆子讚美道。

　　「當然，我一生都講《金剛經》的！」周金剛很得意的回應著。

　　老婆子就接著問道：「哎呀！師父啊！你真是了不起，了不得，我想供養你，請你吃免費的點心，但是你要吃免費的點

心之前，先要回答我問題，回答的出來你就儘量吃，回答不出來，你就餓肚子吧，跟出家人是不作生意的。」

周金剛一聽，心裡就想：「這《金剛經》我是從頭到尾滾瓜爛熟，倒背如流，文義更是通達無比，那有什麼問題。」

「老婆婆您就儘管提問吧！」周金剛很有自信的說。

老婆婆就開口問了：「《金剛經》裡面講『過去心不可得，現在心不可得，未來心不可得』，請問上座您要點哪個心？」周金剛一時楞在那兒。這位周金剛就是有過去心，有現在心，有未來心，所以就不能吃點心！

所以，這就是再現實不過的事了，如果沒有過去心、沒有現在心、沒有未來心，就能吃點心；而且吃的很香甜，很好吃，吃完了還可以再吃，下一頓吃的時候，還是一樣好吃。

所以，這幻化的世界是再真實不過了，過去心、現在心、未來心都不可得，就可以吃點心，當然也可以得到花的心，聞到花的香。

有一回，百丈懷海跟馬祖大師看到天上野鴨子飛過去了，馬祖就問百丈說：「這野鴨子到哪裡去了？」

百丈答：「飛過去了！」

這樣回答的結果是：馬祖捏扁了百丈的鼻子。所以，大家思惟一下：野鴨子飛過去了沒有？或是沒有過去？

生命是真真實實的，現在知道怎麼去極樂世界了吧？過去心不可得，現在心不可得，未來心不可得，這時候怎麼念佛？當然是「阿彌陀佛！……南無阿彌陀佛！」相續的念佛。

煩惱無明般若化的過程

　　諸法不可得，既然諸法不可得，當然可以聞到花香，如果我們看到極樂世界，當然看到阿彌陀佛，當然可以看到遠山含笑。看到這一切的諸法，能了解一切的緣起，一切眾相的因緣，而沒有執著，了解一切皆空，而能夠了解細微的緣起，一切賢聖皆以無為法而有差別，一切諸法差別，一切因緣總相，得道種智，慧眼跟法眼全部圓融，全部具足，到最後總匯成一切智智，即佛眼。

　　所以五眼中的後三眼慧眼、法眼、佛眼代表智慧，而不只是功能性的東西，從此處能出生諸佛；但是為什麼有些不能出生諸佛，只能出生阿羅漢？

　　阿羅漢所證得的智慧是「一切智」，一切智就是總相智，總相的智慧是體悟一切智空、無常、無我，了解一切皆空；有智慧就沒有煩惱，沒有煩惱包括沒有不懂的煩惱。這是阿羅漢的一切智。

　　然而菩薩的「道種智」，更昇華到在沒有煩惱之後也沒有

因緣的煩惱，也就是了知一一的因緣、一一的緣起如何形成，就是一切諸法通達了，知道一切皆空、了知一切諸法、了知一切因緣，這是菩薩的道種智。

所以一切智是沒有煩惱，包括不懂的也沒有煩惱，在一切智裡，對一切因緣諸法不必通達，只要總相皆空就可以了；不必為了世間種種知識或日常生活技巧的不懂而煩惱，這些跟他無關，他可以會，也可以不會，但他不存在煩惱，因此他也不一定需要知識，一切萬事萬物的知識他不需要了解。但是要了解因緣法，就要了解因緣的知識，所以道種智是要了達諸法因緣，而且要把這個跟空跟沒有煩惱結合在一起。所以菩薩廣學一切法，道理在此。

有智慧就是沒有煩惱，但是智慧不一定包括知識，但是有智慧的知識，有知識的智慧是菩薩所必行的。知識跟智慧全部圓通，法界全部圓通，就是一切智智——佛。

無明有二種，一種是「染污的無明」，一種是「不染污的無明」，染污的無明就是會讓我們輪迴的煩惱，不染污的無明是跟輪迴無關的無明，就是不知道、沒有這種知識，不懂這個，但也不會因為不懂而煩惱。牽扯不到生死輪迴，所以它不算煩惱。

這種不染污的無明很特別，就菩薩的觀點來看，可以說它

是一種深細的無明煩惱，但是對阿羅漢來講，這不算煩惱，因為它不會妨礙生死，所以阿羅漢有不染污無明，沒有染污無明；菩薩的道種智就是讓不染污無明也消除，到最後這一切智（總相智）和道種智全部合在一起，圓滿具足，就是一切智智——佛的智慧。

所以，般若佛母所談的般若一定沒有不染污的無明，所談的般若一定是大般若，這種般若才能出生諸佛，般若是覺悟之母，因為二乘也是覺悟的，但二乘的般若不是大覺母，大覺是佛陀！這是煩惱無明與般若的過程。

了悟空性與關懷的結合

所以一個菩薩是沒有任何執著，因為他從諸法中得到解脫；菩薩還有一個特質是他關懷任何事情，但不捲入任何事情，而這捲入有些是從外相中去看，菩薩的不捲入是從內相上去看，他的心不捲入煩惱的漩渦，不過事情總是還要繼續進行，所以外相上，菩薩也要去參與的。內心上他不捲入，他內心裡是永遠的關懷。

菩薩有智慧了悟一切是空，又充滿關懷；而了悟空性與關懷二者如何取得聯結，這是一個很深刻的問題，而這問題就是成佛的問題，是一個無上菩提的問題。

由無上菩提所發出來的心，就是無上菩提心，圓滿無上菩提心就成證無上菩提，無上菩提心就是勤求無上菩提的心，就是要成證無上菩提的心。

　　所以無上菩提心是因，同時無上菩提心也是果，為什麼如此？因為勤求無上菩提，這樣不斷的勤求、不斷的勤求，最後發覺到一切都是空，都是沒有染執，都是離於生滅，那麼此心本來不生不滅，清淨即心，心不可得心，所以這也是果。

　　在起心動念後，回來還是本來面目。所以，這也是為什麼諸佛會那麼把握的指著我們說：「我們本具無上菩提。」因為因果就在同樣地方，但是不經這一遭總是不相信，不相信自己，這是最大的問題。

　　佛法從小乘到大乘，一貫全部是智慧，但問題是要成就諸佛母親的智慧，必須是大智慧，是無上無智慧，它必須根立於無上菩提，其實無上菩提本身一開始的時候即完具智慧跟慈悲，兩者完全泯合，悲智雙運完全圓滿，只是一開始的啟動點，有的智慧多，有的慈悲多，或是信心多等不同的因緣取向。

修持智慧的方法

修持智慧的五個次第

有煩惱就沒有智慧，有智慧就沒煩惱；如果我們被煩惱所困而無法脫除，藉由智慧的修持方法來增長我們的智慧。關於般若智慧修持的步驟方法，龍樹菩薩對此有完整、清楚、明白而且最理想的說明，就是般若二道五菩提的解說，二道是二種分別之道，其實也是一種次第，五菩提是五個菩提心的次第。

二道是：般若道與方便道。

般若道是我們從初發心開始，到修學般若的一個歷程，最後悟入般若智慧的歷程。方便道是從我們成就般若智慧圓滿無上大覺的歷程。

在心性修鍊的過程中，當我們去除無明煩惱、我執而產生智慧時，就開始執著智慧，產生了智慧的執著，這就是般若執。

就是因為有般若智慧的執著，所以要以大般若來出般若，

這個就是方便道。

二道配合五菩提即構成完整的修持智慧的次第方法。

五菩提依序是發心菩提、伏心菩提、明心菩提、出到菩提、究竟菩提。

1. 發心菩提──發起菩提心

發心菩提的發心，其意是指這個心具有這樣的勢能，而我們把它發起，也就是一個種子種下去了，而這種子既已存在，你便不能說它沒有，而且每一個人都有，所以這心從另外的說法可以說它是佛性，這心從眾生的立場來看是心，從佛陀的立場來看它是佛的性質，所以佛性可以說是佛的性質，成佛的性質；在因位上是成佛的可能性，從果位上看這佛性就是種子，是本具的佛性。

關於佛性的說法，很多宗派的講法都不一樣，因為各自宗派所站立的立場不一樣，評論見解自有所不同，其實問題最重要不是各自不同的立場，而是我們最喜歡從自己的立場來看事情，而不是從事情的事實本身！

人類的歷史、生命界的輪迴、宇宙的變化，每一個人都站立在自己的位置去看待事情，為什麼？因為這是我們無明的本能！

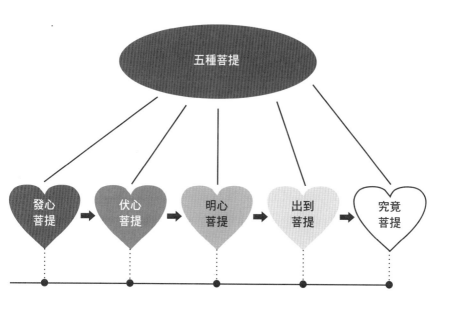

修學般若智慧的歷程

成就般若智慧圓滿無上大覺的歷程

般若道 ⟶ 方便道

修持智慧的五個次第

近代全世界最流行的物理理論，整個突然間冒起來的理論就是Chaos理論——混沌理論，包括地理學、經濟學、數學……等各學問都一股腦在講，我覺得這理論很有意思，它最主要是基於二個立場：對初始條件的深刻依賴與不斷的自我複製。

　　一、對初始條件的深刻依賴。那時候最有名的說法是「蝴蝶效應」。即北京有一隻蝴蝶翩翩展翅，對空氣造成擾動，當因緣條件都沒有變化，這個受到騷動的氣流便不斷的增強，到最後引發大颱風。

　　另外經濟學中的期貨市場，一般是以電腦輸入一定時空條件下的數據，而作出某種可以預測的經濟模型，但這是在忽略某些微細的數據差異下所作出的預測模型，換句話說，這個用來預測未來趨勢的經濟模型是在一開頭便容許忽略微小變因之下作出的，因為在一定時空條件之下，微小的差異，再怎麼計算也不會澎脹到影響最後的結果。

　　因為這個一開始便存在的微型差異，一旦超出被設定的時空範疇之後，就產生非線性結構的跳躍，結果就是一開始只存在一點點不一樣，在一定時間裡面完全一樣，忽然間全部不一樣天下大亂，所以股市中所謂「黑色星期五」的大崩潰，就是來自這樣的原因。

這個現象是很有趣的事情，所以那些研究人員的結論就是「初始條件的深刻依賴」，也就是初始條件微細不一樣，到一定範疇之後，它決定了後頭大量的變化、大的差異。這句話在我看起來，其實在佛法裡面講的很清楚，就是「因緣法」，一切條件都在因緣當中，因不同結果一定不同。

混沌理論的第二個立場是：不斷的自我複製。

這就是宇宙的萬事萬物的我執無明，所以無明因緣決定了我們現在的世界。

混沌理論就是對初始條件的依賴與不斷自我複製這二個結論，這個理論現在好像已經不流行了，因為人類總是會創造新的流行。也將這理論相應於佛法，一個是因緣，一個是我執。對初始條件的依賴即是因緣，不斷自我複製即是我執的表現。

每一個生命的存在，都是在自我立場不斷的擴張的，不斷的在擴張自我立場。我們的腦細胞就是這樣來的，因為我們的腦細胞包括有植物的部分及動物的部分，而植物的部分及動物的部分互相執著，兩個在一起糾纏久了，每一個都想取代對方，久而久之，就變成一個，變成動植物合在一起，所以我們腦細胞裡面有動物和植物。

另一個例子，如果兩棵樹長在一起，各自都想發展，時間久了就糾纏在一起變成一棵樹或是產生突變。

像SARS的問題，就是人類踩到SARS病毒的地盤，本來人類跟SARS病毒之間是楚河漢界各不相容，結果人類撈過界，造成SARS病毒的恐懼，本來相安無事的，但是這一腳踩進去就造成對方的恐懼，這種害怕的現象是一個既經證實的事實，用在病毒身上也是一樣，任何生物都有這種本然的害怕本能，人類也一樣，人類並沒有比較高級。

　　最明顯的例子是當一個人在水中快被淹死時，心中恐懼的本能會讓他盲目的亂抱著東西。

　　而SARS病毒也是因為害怕恐懼而抱著我們的細胞一直跟我們糾纏，糾纏到最後找到某種類似的，可以替代的型態，而讓二者之間可以取代，它就可以在我們身上生存下來，而讓我們產生生病。

　　禽流感也是一樣，中古時代中南美洲印第安帝國的崩潰瓦解也是類似情形，是被瘟疫細菌擊敗的，而不是被武力征服消滅的。狂牛症是另一個很清楚的例子。

　　所以，人類談論問題往往是從自己的立場出發，立場決定言論，立場決定思想，而不是事實解說決定一切。

　　如果不從事實去看，而讓自己的立場決定一切的話，會產生我執的問題，我執包括我、自我的感覺、我的衣服、我的親人……，一大串掛在一起，它是很複雜的。

每個人的「我」都不一樣，有些人的「我的房子的『我』」「比我的孩子的『我』」還大，所以他寧願賣孩子要房子，有些人的孩子很大，所以他寧願犧牲自己也要保護孩子，因為孩子比自己這個我還大。

不只一般人類的「我」，有這種我執的立場問題，連佛法的宗派也有「宗派的自我」，所以所解釋出來的佛法會從各別因位或果位……等不同的立場而作出不同的解釋，故而產生很多複雜的理論，但這只是幫助我們見到事實而已。

其實事實就在我們的生命上，我們的心、我們的身、生命的實際。我們離開「我」的立場，再檢視自我的存有，檢視自我的煩惱，我們離開自我的執著，而去皈命於無上的正覺，皈命無上正覺的意思就是將「我」拿掉，因為無上正覺不是「我」。

發心是依於我們的佛性，我們的心，我們的自性，我們自心有成佛的可能性叫佛性，我們的自心就是讓我們能夠成就無上菩提，到最後它還是我們的自性！所以有時候也叫「如來藏」，因為如來在其中也只是「在纏名如來藏」、「出纏名大法身」，其實是同樣東西，只是功用不同，為什麼不同？轉身不同，即是執著或開悟！

正見也是從心裡面提煉出來，它也在心中，就在我們自心

中，所以發心將之引導出來；佛陀是自覺覺他，佛陀成佛的時候是見一切眾生都是佛陀；所以，佛陀以一大事因緣出現於世，也就是佛陀出現在世間的唯一事情就是這個而已，這大事因緣就是開、示、悟、入佛陀的知見，也就是佛陀的大智慧，也就是佛陀出現世間唯一的事就是讓眾生成佛！

　　所以「開」──打開，開示──告訴我們，我們的心本具佛性，我們把心打開，了悟自己的心是如此，所以這是發心。發心有二個意義，一個是智者的導引，覺者的導引，讓我知道這個心是如此，讓這個心發起來；另一個是我們發覺到心本具如是，我們要它成熟圓滿，所以發心是發起無上菩提心。

2. 伏心菩提──降伏自心

　　伏心菩提是當我們發心的時候，發覺到自己的心裡有雜染，而這雜染是空性，在因緣之下所顯現的雜染，這時候我們的心跟無上菩提相應，但是有時候心會跑掉了，所以這時我們要降伏自己的心，讓心安住在無上菩提，就是《金剛經》裡所講，「發阿耨多羅三藐三菩提心者，應如是降伏其心」，這經文中間有一句鳩摩羅什大師沒有翻譯，在應如是降伏其心前有「如是修行」，什麼是修行呢？就是修無上菩提心，讓這個心安住在無上菩提，相續不斷，這叫三摩鉢底或三昧、三摩地，

讓無上菩提心不退。所以伏心菩提是降伏自心的雜染。

3. 明心菩提——明了自心

發心、伏心的時候，如果我們的心有雜染，對無上菩提還不能夠真實的體悟、切入。等到明了自心進入明心菩提之後，也就是得到勝義菩提心。

真正看到無上菩提的清淨心，猶如一輪明月，為雲所遮蔽，但我們如實看到露出雲外的初一眉月，決定有月亮，決定知道月亮的存在。

所以在明心菩提的階段是見到月亮，之前是相信有月亮，現在是看到月亮的存在，從黑夜看到月亮；這是般若道的發心、伏心、明心菩提的修行過程。

我們在這過程中勤求般若智慧，但是，當我們悟得般若智慧時，也就是開始看到月亮時，問題又產生了：「般若智慧是不是執取的對象？」

初開悟的人，常常帶有一種開悟的味道，這開悟的味道就像那個小孩子有乳臭未乾的味道。一般來講，初步得到開悟的人會帶鈎帶刺又披角的，所以被這樣初開悟人修理過的，往往傷痕累累，血流不止，因為初開悟的人太銳利了，講話利，修行利，看人利，思惟利，別人的起心動念，他一眼看穿，而且

講話絕對一針見血。

記得我以前年輕時參加禪七,打完禪七回到學校,與朋友交談,每個人都恨死我了,為什麼呢?因為每一個人的起心動念我都知道,他們還沒把話修飾完畢,我就直接接下去講,讓對方都還來不及回應。

還有一次碰到一位身高一百九十三公分的跆拳高手,那個人有些境界,自稱為阿彌陀佛,那次我抓住他的頭髮把頭用力往下按,大聲呵問:「你是誰?」結果,他什麼境界都沒有了!這是剛打完禪七的表現。

因為初開悟的人往往心太利、光芒萬丈、天馬行空,處處戴著般若的眼鏡看事情,但是修行到最後,會慢慢沉澱下來,會細下來,和光同塵,很多細密的境界會出來,就是頭角不會那麼崢嶸了。

其實開悟之後有很多境界,像憨山大師開悟之後,一個晚上寫了幾百首詩,所以,他要如何自處?他就大睡一覺。也就是說,不能讓心持續在這麼銳利的狀態,初開悟只是初步的境界,到最後要慢慢細下來,要和光同塵。

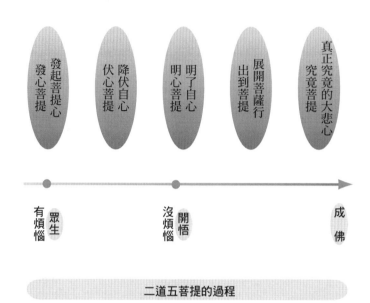

發起菩提心
發心菩提

降伏自心
伏心菩提

明了自心
明心菩提

展開菩薩行
出到菩提

真正究竟的大悲心
究竟菩提

眾生
有煩惱

開悟
沒煩惱

成佛

二道五菩提的過程

4. 出到菩提──開展菩薩行

因為初步開悟境界的般若味道很濃烈，所以這時候要進一步，不能有般若的執著，也就是不能黏滯在般若的境界。從真與妄的世界中，發現了「真」之後，執著「真」而變成真妄對立的狀態；接著要從真妄對立的境界中跳出，讓真與妄相互融合。所以，此時從般若道要進入方便道，方便出般若要跳出般若。

從我們凡夫的立場來看，初地菩薩具有初地菩薩的智慧，但從二地菩薩的立場來看，初地菩薩是有初地菩薩的執著，而從佛性來看，為什麼叫十地菩薩，因為有十地菩薩的執著，也可以講有十地菩薩的智慧，所以無法成就佛地。

　　換句話說十地菩薩本具佛智，但是為什麼沒有佛智呢？就是因為有十地菩薩的執著，所以無法具足佛智。這是從佛陀的立場來看，九地、八地的情形也是一樣。

　　這個就是對般若的智慧的執著，這執著是悟境的執著，跟前面明心菩提之前的世間的執著是不一樣的，這是「般若執」，所以要進入方便道，以方便力除破般若的執著，破得般若的執著一分，方便力就增長一分；所以一開始是要從金沙裡提煉出黃金，等到黃金提煉出來了，就要用這黃金去作金器，金器作出的時候，人家就會問：「你這是幾成成色？」「是九成九，九成五，亦或九成而已！」

　　也就是說這金器煉出的時候，是可以拿來作用的，但是用的時候，別人是會挑剔的，是會被拿去檢驗的，所以這時候就要以方便力不斷的把這金器純化，提昇它的成色；出到菩提就是用這個提煉真正菩提心，真正的將智慧自在活用，這就是「觀自在菩薩，行深般若波羅蜜多時」，「行」是正在實踐者。正在運用「深般若波羅蜜多」，這時候要行圓滿的般若波

羅蜜多，以方便力把它調煉的純之又純，這就叫「行深般若波羅蜜多」，深的般若波羅蜜多用這個方便力來行，這就是「出到菩提」，也就是說，它是圓滿智慧的妙用，這是甚至倒六地、七地、八地、九地等大地菩薩所要成就的，而前面的明心菩提可能是初地到七地的境界。

5. 究竟菩提——真正究竟的大悲心

運用般若的智慧，就不會有般若智慧的執著，是用方便力來調煉般若智慧，調煉到最後，般若智慧純之又純，百分之百，千分之千，而且法界統統一味，自他等同圓滿，所以「智正覺世間、眾生世間、器世間」都同成佛陀，這叫「究竟菩提」，就是「無上菩提」。

圓滿智慧的過程要相續的慈悲

以上這個次第過程，純粹是修煉智慧的過程，但是要圓滿這個過程要悲力相續，沒有慈悲心，做不了這事情的，沒有慈悲心，你看到一切是空的時候，你就自動入涅槃了；沒有慈悲心就沒有辦法了悟一切如幻，一切皆空，而同時關懷世間，所以必須悲智雙運。

但在悲智雙運、無上菩提的成證過程裡，我們會在悲智之

間位移跳躍，悲與智都可能發生過與不及的情形，也就是過於悲或過於智。

悲智雙運，稍偏於智是文殊菩薩，略移於悲是觀音菩薩，著重實踐是普賢菩薩，寓悲於智或寓智於悲，而這樣的評論其實只是方便解說。

其實菩薩的悲智都是滿分的，所以文殊菩薩又稱為「三世佛母妙吉祥」，三世佛母是智慧的禮讚，但會成為三世佛母，會教化三世諸佛的人一定是具足悲心，假若他沒有悲心，一定不可能教化三世諸佛；所以我們一般認為文殊菩薩智慧第一，但另一方面我們會發現一個很核心的事實是：文殊菩薩的悲願是最廣大的。

文殊菩薩的十大願中，第一大願是：「我用天眼觀察，十方世界，在所有世界中，從初發心到成佛，如果有一眾生不是我教化、教導他、發願，然後教導他修行直到成佛的話，我誓不成正覺。」所以文殊菩薩的智慧劍是充滿了溫柔，他的眼睛是那麼銳利卻又那麼慈悲；再看《心經》的主角觀音菩薩，智悲的圓融性在觀音菩薩身上都看到了。

所以，我們不管是從發願，從願力而行，走地藏菩薩路線；從悲心而行走觀世音路線；從智慧而行走文殊菩薩路線；或是從行願，以實踐力而行，走普賢菩薩路線；不管是那一種

路線，到最後的結果都一樣，每一個人都要走向悲智圓滿的佛果境界，就是圓滿無上菩提，圓滿無上的般若是大般若。

在般若的次第裡面，越是深刻的般若，越必須充滿慈悲，否則承擔不了，因為般若和慈悲就像車子的雙輪，若其中有任何一輪萎弱不堪，就會變成單輪車、獨行俠，比如慈悲若不足就會變成獨覺或聲聞，否則他會受不了。

所以菩薩到修證成佛的過程中，他一定是智慧到達某個程度，悲心接著就要跟上來，尤其是越深刻的智慧，所具足的悲心要越廣大，否則會承擔不了，所以悲智要同時增長；若智慧太高但悲心不具，則悲心會乾涸，結果就造成智慧獨大，這會落入涅槃，這叫菩薩沉空之難。

反過來，悲心很大，卻完全沒有智慧，到最後就是悲魔作祟，人很慈悲作了很多事情，但越幫越忙，因為沒有智慧，所以就無力解脫眾生。

所以，悲智一定要雙運，否則掛不住，獨缺其一無以成就菩薩行。像如幻三昧我特別稱它為大悲如幻三昧，因為如幻一定要具足大悲，否則如幻一定入於空。空越大，悲越大；悲越大，空越大，悲是心地，心地廣大猶如虛空，悲若不廣大，是無法讓心地廣大猶如心空。

般若智慧是對萬事萬物完全沒有執著，心是無住，但對一

切永遠的關懷，這是以無為心，而行一切善法；以無所得心，
而行一切善法，《金剛經》裡稱這行逕為無相布施，無相布施
是悲智雙運。

調鍊心性到達圓滿境地

見到自己本具的佛性

　　般若次第的最後階段是成佛，圓滿諸佛的智慧能夠成就佛陀的境界，在這個次第裡我們要不斷地增長菩提心，就講到「無間道斷」，「金剛三昧」。這是談及菩提最後心；如果把成佛當作是上山跟下山的過程，佛陀具足無上菩提，他的行動是如來；他具有三身，大覺如來是他的行動力，他成證的是無上菩提，當然還有其他的說法，譬如：真如、實相、實際……等等。這樣的說法跟形容，是為了讓大家了解佛陀是什麼？佛陀具有什麼樣的勢能？

　　佛陀一定具有如來的行動力，佛陀的十個名號就是形容佛陀所具足的十種功德，十力、四無畏、十八不共法等是佛陀所具有的勢能。

　　從成佛的因開始，依次第是發心（如來藏、佛性）→伏心菩提→明心菩提（開悟）→出到菩提→究竟菩提。

一開始依個人因緣的不同，有種種的法門，有些人從念佛入手，有些人從坐禪切入，有些人依循法華，有些人依循楞嚴，有些人依循華嚴、圓覺等不同的法門，有依密、依禪等不同的緣起，但是總約而言，雖然法門很重要，還是以我們的自心為要。雖然傳承是很光榮的，心的傳承更光榮！

　　很多人講自己的傳承如何的輝煌時，其背後的心態常常是：「你看，我很棒，不簡單吧！我的老師很厲害哩！你能像我這樣子嗎？」這樣的心態背後可能是：你看我多厲害，可以找到這樣的師父。但是這樣的心態下卻沒有想到「修心」的重要性。

　　其實，「心」真的很有境界的人不會這樣講的，但是很多人就是逢人說自己的師父是誰等等，說自己的師父是誰又干自己何事呢？修行是修自己，儘管自己的師父是釋迦牟尼佛，這種事情又有什麼好炫耀的！要緊的是自己的心。

　　如果我們傳承釋迦牟尼佛的佛心，就是見到自己本具的佛性。但是我們要檢測自己的發心是否跟釋迦牟尼佛一樣。

　　所以，講法門不如講心門，因為佛陀是要開心門的，佛陀以大事因緣出現於世，就是開、示、悟、入佛之知見。

　　法門是要幫助我們開心門的，思惟一下：佛性是在法門裡面？還是在心性裡面？如來是在心性裡面，還是法門裡面？

舉例來說，很多人開車到某地，結果「車到人還未到」，這是什麼論調呢？車好比喻法門，車子都跑掉了，結果人還沒上車，百分之九十九點九的人就是做這種事情，也就是法門比較重要，心門反而忽略了。修學各類的法門很勤奮、很積極，每天參加法會，又是修法、又是灌頂，學習的都是最高級的修法；法會很殊勝，主法的師父很好，法也修的很好，可惜就是自己沒修好；法門好、仁波切好厲害，但人沒有修。

打開心迎接佛陀

　　六祖慧能很清楚的告訴我們：「自性眾生無邊誓願度，自性煩惱無盡誓願斷。」煩惱哪有分什麼外在或內在的煩惱，如果將眾生跟自己切開，我們能夠成佛嗎？

　　這煩惱是自性煩惱，所以『自性法門無量誓願學，自性佛道無上誓願成。』這永遠是自家的事。

　　所以我們要回看自己學法修行的歷程，是否是法門本身很好，法門可以成就很高的境界，但是我們的心性呢？

　　如果我們修學念佛法門，修學念佛到最後的結果，是佛陀成就了而念佛的人仍然沒有成就，這是很遺憾的。如果我們想要：是心念佛，是心要悟佛。是要打開心來接佛陀。

　　為什麼念佛？是為了要成佛所以要念佛。大家知道自己每

天在作什麼嗎？

其實我們每天都在念我們自己，就是不斷地念自己、念自己，念到自己變成阿彌陀佛了。

這樣的論調聽起來會不會有點怪怪，想想阿彌陀佛是如何念佛呢？

阿彌陀佛念實相佛，性自空；而我們念佛，是依緣起。

這法門就是讓我們的心，入於阿彌陀佛。因為阿彌陀佛是無量光明、無量壽命，無量壽、無量光明就是無所執著，所以我們一心念佛，從持名、從觀想，一切法都可以入！

開、示、悟、入的「開」是怎麼開？是打開我們的心來迎接佛陀，是開心入佛；佛要入我們的心的先決條件，首先是要把我們的心打開，讓佛陀進入我們的心，那麼，我們的心就能開、示、悟、入於佛之知見，與佛陀同體無二。

所以發心菩提，之後是伏心菩提，用法門來降伏雜染的心，讓我們的心安住在菩提心中。

所以，心是很重要的法門，發心、伏心都是在調練我們的心；明心——見性就到達開悟的境界，發現到佛陀就是自性，這時候阿彌陀佛在我們心中，我們用這自性佛開始來實踐。

明心是什麼？開悟是什麼？簡單的說，阿彌陀佛就是我們的自心，就是自性。我們的心是空，空、實相都是一樣的，都

是法身入心，這境界還是明心菩提的階段。

這時候，我們用不斷去運作、不斷去磨礪、不斷的把雜質去掉，慢慢到究竟成佛，過程中有很多法門像海印三昧、首楞嚴三昧、法華三昧……，最後一個就是金剛三昧。

成佛的金剛三昧

金剛三昧其實可以說是單獨一個法，也可以說是一個通法的最究竟之處。《楞嚴經》〈觀世音菩薩〉耳根圓通章：「蒙彼如來授我如幻聞熏聞修金剛三昧。」觀世音菩薩以修持耳根圓通，入於首楞嚴三昧。首楞嚴三昧有因果二部經典。

《楞嚴經》是因經，講因位如何入於首楞嚴三昧。

《楞嚴經》一開始就講阿難碰到的摩登伽女的故事。

阿難因為乞食，經過婬室，遭大幻術摩登伽女以娑毘迦羅先梵天咒將阿難攝入婬席，將毀戒體。如來知道阿難被婬術所加害，便放光明宣說神咒，並勑令文殊師利菩薩以神咒前往救護，於是將阿難及摩登伽女帶回。

阿難所指的就是我們的心，摩登伽女所比擬是我們縱欲的煩惱貪欲也就是所要降伏的心。而娑毘迦羅先梵天咒則是比擬為一個境，如同是我們走在路邊，然後聞到一股郁香之氣，心中想著「嗯，好香哦！」心被香氣吸引走了，這就是娑毘迦羅

先梵天神咒。

當我們就被吸引後，我們覺得很香，正在享受這香味時，如果我們心裡生起一個自覺的念頭：「這樣對嗎？」這自覺就喚起了我們本具的佛性，就代表著如來的現起。

我們的自心自性現起了一個清醒的理智，告訴我們：「不能耽溺於此境。」這句話就如同「楞嚴咒」。就像文殊菩薩以神咒將阿難拉回如來的身邊了。

首楞嚴三昧、法華三昧、海印三昧等佛果三昧都可以成就金剛三昧，也就是說我們可以依海印三昧成佛，也可依其他三昧成佛，但總約而言，到最後要成佛時，所依的那個三昧都可稱之為「金剛三昧」，又叫「金剛喻定」。

但是，當我們開悟或成就阿羅漢的三昧也叫「金剛喻定」，因為金剛不壞，不會再受雜染了。但我們一般講最後心菩薩的金剛喻定是成佛的三昧。那這在前面一念叫「金剛喻定」或「金剛三昧」，後一念則叫「金剛智」，所以金剛喻定入最後心菩薩金剛智成佛，在這境界已經脫離任何一切時間與空間，時空已經沒有任何意義了，所以是無間道斷—金剛三昧—金剛智，這是成佛的境界。

另外還有一個「無間」是：我們永遠都脫離不了這時空，所以也叫無間（道），是受苦無間，空間無間，時間無間，永

遠孤伶伶一個人受苦的無間阿鼻地獄，所以阿鼻地獄也叫作無間地獄。

圓滿無上菩提

《金剛經》說：「以無所得故，得阿耨多羅三藐三菩提。」以無所得的緣故得成無上正等正覺。心境如如，平等無礙，名為如來。「境」是絕無少法可得，而「心」是絕無可住，心如如，境如如，境智雙泯，即是心境如如，心與外境全部是統一，這叫「如來」。這時候具備的勢能是他的智慧——金剛智、金剛道斷。

最後一心絕無一點點分別心叫作「同體」。

普遍救度一切叫「大悲」。

無一因緣可得，叫做「無緣」。

樂遍滿一切，叫「大慈」。

這一念出來的話，佛陀不只住於金剛三昧之中，更入於自身的涅槃，因為這是法身淨土。

「身」是法身，「境」是常寂光。

常寂光的「常」是金剛道斷，一切究竟；「寂」是離於生滅；「光」是無量光明，是沒有任何的雜染，所以常寂光土是身土不二。

同體又具有大悲,無緣又具有大慈,法身本具,一切諸法所形成的法身功德就會生起廣大作用,而馬上顯現智正覺世間、眾生世間、器世間三世間成佛,這三個世間都是自受用的廣大的法身遊戲,即法身功德所形成的自受用大樂,也就是海印三昧現成,這時候是報身圓滿。這報身其實是如來自受用的法樂之身,諸法所成之身在此變成報身。

　　而我們平常所講的「五分法身」是指戒、定、慧、解脫、解脫知見。法身到後來轉變成「報身」的意味比較濃厚,因為後來所講的法身是功德所成。

　　報身是自受用樂,所以報身土是實報莊嚴土,在密教就是金剛法界宮,也就是大日如來;在華嚴就是整個海印世界,也就是毘盧遮那佛,都是他自功德所顯現,整個遍滿法界一切。

　　而且除了自受用之外,也會對外開放,令具有明心境界的法身菩薩趣入此地,而成為報身佛的他受用報身土上的教化對象,所以說「地上菩薩,入於報身」,地上菩薩入於他受用報身,因為地上菩薩能夠見到他的法身功德。

　　這時候不只具足無緣大慈,而且悲心相續不斷,所以自然會具足首楞嚴三昧,(即健相三昧),能在一切世間中平等示現,於無量世界有因有緣就示現,如同「千江有水千江月,萬里無雲萬里天」,大悲示現,大悲普現。

在大圓滿就稱為「大悲周遍」，其實是講首楞嚴三昧的威力，在十方世界裡面顯現成佛，就是這個威力。必然隨順著他的因緣願力而成就。所以，完全是他智慧的功能，也是他的悲心展現，智慧跟悲心在這邊絕對沒有分別。

　　這個就是成佛的最後的一個境界，這也是我們要達到的最後的目標，圓滿人生的最後課程。

　　生命到此圓滿，一切隨緣而住。從現在開始，一腳踏出去，有因有緣就如實住，住於空，住於如如，住於不可得。

　　從現在到無上菩提，到圓滿的成就，我們都相互扶持，祝大家圓滿成佛！

真正的幸福始終來自智慧

生命大學

關於
前世、今生與來世

你想了解自己的前世今生嗎？
如何在今生觀察自己的前世呢？
如果你今生遇到了前世的情人，要如何面對呢？
本書將給提供全面的解答，讓你循著自己的前世，
揭開超越因果輪迴的方法，提出最正確的前世療法。

幸福必修學分指數★★★★★★　　　　　洪啟嵩◆著

定價：240元

生命大學

真正的幸福始終來自智慧

關於
死亡與轉世之路

我們如何正確地掌握未來的死亡之路?
而在親朋好友面臨死亡之時,
我們又如何幫助他們走向安詳自在的另一個旅程?
本書提供全面的解答,揭開死亡的神秘面紗,
讓我們可以自己規劃一套完美的生死計劃,
幫助自己與他人,共同超越死亡走向光明的轉世之路。

幸福必修學分指數★★★★★☆　　　　　　　　　洪啟嵩◆著

定價：250

真 正 的 幸 福 始 終 來 自 智 慧

生命大學

關於
決定自己的未來

現在的你，無論貧富或老少，
都可以好好善用我們所擁有的生命，
創造最有價值的未來。
利用本書，提供你更深層的思惟與觀察，
在圓滿的生涯規劃中，掌握時間與空間的因緣，
決定自己的未來。

幸福必修學分指數★★★★★★　　　　　洪啟嵩◆著

定價：240元

生命大學

真 正 的 幸 福 始 終 來 自 智 慧

關於
結婚後的我們

伴隨生命成長的全生教育

這是一本伴隨著生命成長的書，
無論你是為人妻、為人夫、
為人母、為人父、青年、壯年、老年，
你所面對的生命問題，
本書將會帶給你很好的答案與方法，
創造生命幸福的軌跡與歷程。

幸福必修學分指數★★★★★★　　　　　　洪啟嵩◆著

定價：240

生命大學 5

心性修鍊的八堂課

作　　者　洪啟嵩

發 行 人　黃紫婕

責任編輯　吳霈媜

美術設計　Mindy

封面設計　莊心慈

插　　圖　弓　風

出 版 者　普月文化有限公司

　　　　　　地址：台北市松江路69巷10號5樓

　　　　　　永久信箱：台北郵政26-341號信箱

　　　　　　電話：(02)2508-3006　傳真：(02)2508-1733

　　　　　　郵政劃撥：18369144　普月文化有限公司

　　　　　　E-mail：buddhall@ms7.hinet.net

　　　　　　http://www.buddhall.com

行銷代理　紅螞蟻圖書有限公司

　　　　　　地址：台北市內湖區舊宗路2段121巷28之32號4樓

　　　　　　　　　（富頂科技大樓）

　　　　　　電話：(02)2795-3656　傳真：(02)2795-4100

初　　版　2006 年 12 月

定價新臺幣　280 元